Das
Bayerische Pflegschaftsrecht.

Eine Sammlung

aller das Pflegschaftswesen im Königreiche Bayern betreffenden Gesetze, Verordnungen, Ministerialanordnungen, Kreisausschreibungen, Erkenntnisse und Erörterungen, mit Geschäftsformularien und erläuternden Noten.

nebst einer Anleitung

zur Anfertigung und Revision von Vormundschaftsrechnungen, sammt systematischen, chronologischen und alphabetischen Registern,

bearbeitet von

Oskar Reber,

königlich bayerischem Landgerichts-Assessor.

Drittes Heft.

München 1869.

Verlag der J. J. Lentner'schen Buchhandlung.

(E. Stahl.)

O. Reber's

Bayerisches Pflegschaftsrecht.

Die Vollzugsvorschriften.

Mit vergleichenden Noten und Geschäftsformularien.

München 1869.
Verlag der J. J. Lentner'schen Buchhandlung.
(E. Stahl.)

Allgemeine Inhalts-Uebersicht.

(Die besonderen Uebersichten folgen am Schlusse dieses Heftes.)

A.

Allgemeine Geschäftsordnung.

1.

Verordnung vom 13. Juni 1815, (R.-Bl. 1815. S. 457.)

Die Geschäftsanzeigen der Untergerichte betr. *)

Da wir mit besonderer Zufriedenheit wahrgenommen haben, daß die Rückstände an unerledigten Rechtssachen aus den Gerichten Unsers Reichs durch deren angestrengten Diensteifer verschwunden, und Unsere Ober- und Untergerichte an jene Ordnung und Thätigkeit gewöhnt sind, welche die Wichtigkeit einer prompten und guten Justizpflege für das allgemeine Wohl erfordert, so haben Wir beschlossen, die Geschäftskontrole zur Beförderung ihres Zwecks mehr zu vereinfachen. Wir verordnen daher in Ansehung der Geschäftsanzeigen der Untergerichte, wie folgt:

I. Titel.

Allgemeine Bestimmungen.

§ 1. Sämmtliche unmittelbare und mittelbare Gerichte Unsres Reichs, als: Stadt-, Land-, Herrschafts- und Ortsgerichte, sind verbunden, über ihre Amtsführung in Justizsachen, nach Verschiedenheit des Gegenstandes und ihres Wirkungskreises in der durch gegenwärtige Verordnung vorgezeichneten tabellarischen Form innerhalb der unten bestimmten Termine Rechenschaft abzulegen. Alle vorher eingeführten untergerichtlichen Tabellen sammt den sich hierauf beziehenden allgemeinen und besondern Instruktionen sind andurch eingestellt.

§ 3. Alle zum Eintragen in eine Tabelle geeigneten Rechtssachen werden in derselben mit fortlaufenden Nummern vorgetragen, und alphabetisch nach dem Namen der Person, also des Angeschuldigten bei Straffachen, des Klägers bei Civilsachen, des Gemeinschuldners bei Conkursen, des Erblassers bei Erbschaften, des Curanden bei Pflegschaften geordnet, daher die Geschlechtsnamen nicht nur vorausgesetzt, sondern auch mit größern oder lateinischen Buchstaben geschrieben. Kommt ein Gegenstand aus einer frühern Tabelle in einer nachfolgenden wieder vor, so wird die Nummer der vorigen Tabelle unter die Nummer der neuen gesetzt, und eine von der andern durch einen Querstrich getrennt.

---

*) Diese Verordnung ist durch den Nachtrag der Geschäfts- und Registraturordnung vom 28. Juli 1864 im Wesentlichen aufgehoben. S. unten Ziff. 11.

II. Titel.

Besondere Bestimmungen.

D. Ueber die Pflegschaften.

§ 35. Jede, es sei einfach oder doppelt, verwaiseten minderjährigen, es seien eheliche oder uneheliche Kinder, auch jene großjährigen Personen, welche wegen Abwesenheit, Geistesschwäche oder Verschwendung ihrer selbst oder wenigstens ihres Vermögens nicht mächtig sind, stehen unter Pflegschaft*), worüber den Gerichten die Leitung und Aufsicht obliegt, und jede solche Pflegschaft muß in der Tabelle angezeigt werden, wenn gleich der noch lebende Vater die gesetzliche Tutel hat, oder das Vermögen des Minderjährigen bis zur Volljährigkeit oder Standesveränderung auf dem Anwesen liegen bleibt, oder nach gewissen Jahren und in Fristen hinausbezahlt wird, und aus irgend einem Grunde keine Rechnung über die Pflegschaft zu stellen ist.

§ 36. Minderjährigkeit wird bei dieser Tabelle in der Regel als Ursache der Pflegschaft vorausgesetzt, daher ist nur bei jenen Personen, welche aus einer andern Ursache unter Curatel stehen, diese Ursache in der letzten Columne bei den Bemerkungen anzuführen.

§ 37. Den Untergerichten machen Wir es zur strengen Pflicht, und die Obergerichte weisen Wir an, sorgfältig darüber zu wachen, daß bei jeder Pflegschaft, deren rechtliche Ursache aufgehört hat, insbesondere bei den Pflegschaften wegen Minderjährigkeit nach erlangter Großjährigkeit eines jeden Pflegbefohlenen von Amtswegen alles dasjenige verfügt werde, was zur Ausantwortung des Vermögens sammt der Schlußrechnung erforderlich ist.

§ 38. In der Columne I wird bei Minderjährigen Namen, Stand und Gewerbe des Vaters angeführt; sämmtliche Kinder eines Vaters werden nur als eine Pflegschaft unter einer Nummer vorgetragen, jedes Kind aber vor dem andern durch fortlaufende Buchstaben unterschieden. Bei dem Alter eines jeden Pflegbefohlenen ist, wo es geschehen kann, dessen Geburtstag anzuführen.

§ 39. Der Anfang der Pflegschaft wird in der Columne II mit jenem Tage bezeichnet, wo dem Gerichte die Veranlassung zur Curatel bekannt wurde.

§ 40. In der Columne III wird sodann der Tag angezeigt, an welchem das Gericht den Pfleger bestellt oder bestätigt hat.

§ 41. Wie viel das Vermögen eines Pflegebefohlenen betrage, worin dasselbe bestehe, dann wie die zu demselben gehörenden Aktivforderungen versichert seien, muß in der Columne IV genau angegeben werden.

§ 42. In der letzten Columne bei den Bemerkungen ist anzuführen, zu welcher Zeit und aus welcher Ursache die Pflegschaft aufhörte; wo dieses wegen erlangter Großjährigkeit erfolgt, da muß die Zeit, zu welcher das Vermögen sammt der Schlußrechnung ausgehändigt wurde, genau ausgedrückt sein. Das Absolutorium des Vormunds dagegen ist als eine lediglich den Großjährigen und dessen vorigen Vormund angehende Sache zu einem Eintrag in die Tabelle durchaus nicht geeignet.

---

*) d. h. soferne sie durch die einschlägigen Civilgesetze vorgeschrieben ist, vgl. Dr. Rosenkranz § 21.

§ 43. Die Pflegschaftstabelle wird nur jährlich eingesendet. Weil aber die Fertigung einer jährlichen Tabelle über sämmtliche bestehende Pflegschaften bei den Untergerichten eine unnöthige Arbeit verursachte, so sollen, nachdem für das Jahr 1815 auf 1816 die Pflegschaftstabellen noch einmal vollständig über sämmtliche bestehende Pflegschaften nach gegenwärtiger Vorschrift eingesendet wurden, in den folgenden Jahren nur Ab= und Zugangstabellen eingeschickt werden, in welche nach dem nämlichen Formular, neben den neu hinzugetretenen Pflegschaften, aus den ältern blos diejenigen aufgenommen werden, bei welchen sich entweder an der Person oder dem Vermögen des Curanden eine bedeutende Veränderung ergeben hat; im letzten Falle ist der Nummer der Tabelle das Jahr beizusetzen, in welchem die Pflegschaft das erstemal in einer Tabelle erschienen ist.

III. Titel.

Von Einsendung der Tabellen und von der Aufsicht über die Erledigung der untergerichtlichen Geschäfte.

§ 50. Annebst machen wir es sämmtlichen Obergerichten zur Pflicht, bei allen an sie gelangenden, von den Untergerichten behandelten Rechtssachen darauf zu sehen, daß die Untergerichte jede Rechtssache pflichtmäßig befördert haben, als worüber Wir namentlich Unsre Verordnung vom 17. Sept. 1811 (Regierungsblatt vom Jahre 1811 Stück LVIII) die Termine zur Erledigung von Civilrechtssachen bei Untergerichten betreffend, hieher ausdrücklich wiederholen, jede Nachlässigkeit, wodurch eine merkliche Bezögerung zum Schaden eines Betheiligten entstand, gebührend zu ahnden, und diejenigen Gerichte und Gerichtspersonen, welche sich mehrmaliger Verzögerungen schuldig machen, sowie diejenigen, welche durch beförderte und gründliche Arbeiten sich auszeichnen, Uns anzuzeigen, damit wir das Verdienst belohnen, die Nachlässigen zur Ordnung anhalten, und die Unverbesserlichen der gesetzlichen Strafe unterwerfen können. Werden Beschwerden über Justizverzögerung gegründet befunden, so ist das schuldige Gerichtsmitglied in die hierdurch verursachten Kosten unnachsichtlich zu verurtheilen.

Wir versehen Uns zu den Gerichten, daß sie die durch gegenwärtige Verordnung bewirkte Erleichterung ihrer Geschäftsrechenschaft und Arbeiten, und das dadurch bewiesene Zutrauen dankbar erkennen, und unausgesetzt zu verdienen, dann hierdurch den Wiedereintritt einer strengern Geschäftskontrole im Allgemeinen oder im Einzelnen für immer zu entfernen sich bestreben werden.

2.

Verordnung vom 9. Dezember 1825, (R.=Bl 1825. S. 977.)

Die Formation der Ministerien betr.

B. II. Wirkungskreis des Ministeriums der Justiz.

§ 49. Die oberste Leitung des ganzen Justizwesens rc. rc.

§ 50. Die Aufsicht und Handhabung der in dieser Beziehung erlassenen Gesetze und der Rechtsverfassung.

§ 51. Die oberste Aufsicht über alle ꝛc. ꝛc. Justizhöfe, Gerichte oder Behörden in Hinsicht auf Geschäftsführung in peinlichen und bürgerlichen, sowohl streitigen als unstreitigen Rechtssachen, wohin besonders auch Vormundschaften,*) Verlassenschaften, Hypothekenbücher und die verordnungsmäßige Behandlung der gerichtlichen Depositen**) gehören ꝛc. ꝛc. Anordnung von Visitationen***) der Justizhöfe und Gerichtsbehörden.

§ 53. Die Anträge

b) über Großjährigkeitserklärungen,†)

c) über Legitimationen und Adoptionen.††)

§ 59. Die Oberaufsicht über standesherrliche Vormundschaftssachen nach den besonderen Bestimmungen der Beilage IV der Verfassungsurkunde § 10.†††)

3.

Ausschreibung des k. R.-G. f. d. Isarkreis v. 29. August 1836. (K.-J.-Bl. f. O.-B. 1836. S. 1296.)

Einführung einer Controlle über die jährlichen Pflegschaftsentlassungen betr. *†)

Zur Bewirkung einer entsprechenden Controlle hinsichtlich der jährlich vorzunehmenden Entlassungen aus dem Pflegschaftsverbande, soll bei dem Gerichtshofe ein Vormerkungsbuch geführt und dessen erste Anlage unter Zugrundlegung der Pflegschafts-Zugangs-Tabelle pro 1835/36 zufolge h. Justiz-Ministerial-Reskripts vom 13. Dezember v. Js. den Untergerichten übertragen werden.

Dieses Vormerkungsbuch scheidet sich nach Gerichten und Jahrgängen.

Jedes Gericht hat nach dem unten beigefügten Formulare für einen jeden Jahrgang, in welchem nach erstreckter Volljährigkeit des einen oder andern, oder mehrerer Curanden Pflegschafts-Entlassungen einzutreten haben, ein eigenes Verzeichniß anzufertigen, in der Art, daß diejenigen Pfleglinge, deren Geburt z. B. im Jahre 1815/16 statt hatte, in dem Verzeichnisse der im Jahre 1836/37 zur Entlassung bestimmten Pupillen ꝛc. eingestellt, dermal also von jedem Untergerichte soviele Verzeichnisse angelegt werden, als nach Maßgabe der in der Pflegschafts-Zugangstabelle pro 1835/36 vorkommenden verschiedenen Geburtsjahre, in welchen mit vollendeten ein- und zwanzigsten Lebensjahre Pupillen zu entlassen sind, sich ergeben.

Zu einem jeden Verzeichnisse d. i. für jeden Jahrgang, in welchen solche Entlassungen fallen, muß, um die Zugänge in den folgenden Jahren anreihen zu können, mindestens ein eigener Bogen, und zu den vorgeschriebenen Rubriken, ohne daß eine Abweichung erlaubt ist, die ganze Hälfte des Bogens verwendet werden.

---

*) Vgl. Ziff. 1. 3. 4. 5. 8. 9. 11. 12. 13. 14. 15.
**) Die Depositalvorschriften s. im V. Hefte.
***) Vgl. Ziff. 7.
†) Vgl. Ldr. Thl. I. Cap. VII. § 36 u. Note i hiezu. Vgl. Ziff. 41.
††) Vgl. Abth. B.
†††) S. Heft II u. IV.
*†) Vgl. Ziff. 1. 4. 5. 9. 11. —

Verzeichniß

der im Jahre 18— aus der Pflegschaft zu entlassenden Curanden.

Name des Untergerichts.	Zugangstabelle wo die Pflegschaft zu finden ist.		Der Curanden					Bemerkungen.
			Namen.	Geburtszeit.			Wohnort.	
	Jahrgg.	Nummer		Tag.	Monat	Jahr.		

4.

Justizministerial=Entschließung vom 23. August 1859.

Die Pflegschaftstabellen der Untergerichte betr. *)

Wenn auch die seit der Erlassung der allerhöchsten Verordnung vom 13. Juni 1815 bezüglich der untergerichtlichen Geschäftsrechenschaftstabellen im Gebiete des Civilrechts gemachten Erfahrungen eine Vereinfachung der Civilprozeß= und Verlassenschaftstabellen veranlaßten, so kann doch bezüglich der Pflegschaftstabellen mit Rücksicht auf die pflichtmäßige Fürsorge für die Curanden und die hiedurch gebotene größere Controle über die kuratelamtliche Thätigkeit der Untergerichte nicht das Gleiche Statt finden. Die Pflegschaftstabellen haben vielmehr im Ganzen in ihrer bisherigen Form fortzubestehen. Mit Rücksicht auf die durch das Organisationsgesetz vom 1. Juli 1856 eingetretenen Veränderungen, dann zur Erleichterung der Gerichte bei der Anfertigung dieser Tabellen, und um zugleich eine gehörige Controle über die Vollständigkeit und Richtigkeit der Tabelleneinträge zu ermöglichen, mußten jedoch weitere Bestimmungen getroffen werden, welche in der anliegenden Instruktion (Beil. I.) enthalten sind, und wodurch sich auch einige Aenderungen in der Form der Spezialtabellen nach dem Formular A (Beil. II.) ergaben.

Beil. I.

Instruktion für die Anfertigung der untergerichtlichen Pflegschaftstabellen.

§ 1. Die künftighin von den Untergerichten anzufertigenden Pflegschaftstabellen sind zweifacher Art:

1) Rechenschafts=,
2) statistische Tabellen.

*) S. Ziff. 1. 5. 11.

Die Rechenschaftstabellen haben die richterliche Thätigkeit bei jeder einzelnen Pflegschaft, welche sich zur Aufnahme in dieselben eignet, darzustellen, die statistischen Tabellen dagegen nur einen Ueberblick über die Gegenstände und Leistungen der kuratelamtlichen Thätigkeit durch Zahlenangaben zu gewähren.

Form und Inhalt der Pflegschaftstabellen.

a) Der Rechenschaftstabellen.

§ 2. Die Rechenschaftstabellen sind künftighin nach dem anliegenden Formular A anzufertigen. Sie theilen sich wie bisher in Zu- und Abgangstabellen, und sind im Allgemeinen den Bestimmungen der Allerhöchsten Verordnung vom 13. Juni 1815 Titel I, II D und Titel III § 48 (Regierungsblatt 1815 S. 457) und den weitern bisher hierüber erlassenen Normen unterworfenen, welche nur durch die Vorschriften gegenwärtiger Instruktion in folgenden Punkten eine Abänderung erleiden.

§ 3. In der Columne I der Zu- und Abgangstabellen sind bei ehelich gebornen und solchen unehelich gebornen Pfleglingen, welche durch Legitimation die Rechte ehelicher Kinder erlangt haben, jedesmal die Namen beider Aeltern, dann bei solchen Curanden, welche von andern Personen adoptirt wurden, Namen und Stand dieser letztern Personen anzuführen. Ferner ist bei solchen Kindern, welche in eine Ehe in der Art eingekindschaftet wurden, daß sie gegenüber ihren Stief-Parens gleiches Erbrecht wie leibliche eheliche Kinder erlangten, auch dieses Verhältniß anzuzeigen, und der Name des Stief-Parens beizusetzen.

Wenn von den in dieser Columne als Aeltern anzuführenden Personen die eine oder andere verstorben ist, so ist dieses durch die Beifügung eines Kreuzzeichens zu dem Namen der verstorbenen Personen bemerklich zu machen.

Die Geschlechts- und Zunamen der Pfleglinge sind zu unterstreichen.

Die Einträge in dieser Columne sind daher z. B. in folgender Weise einzurichten:

Mayer, Kaspar, Schmiedmeister,
Anna, dessen erste Ehefrau †,
Barbara, dessen zweite Ehefrau,
Franz, erstehelicher Sohn, eingekindschaftet in die zweite Ehe.

§ 4. In der Columne III beider Tabellen ist bei Minderjährigen, für welche keine ordentliche Vormundschaft, sondern nur eine Spezialkuratel bestellt wurde, der Angabe über die Zeit der Pflegschaftsbestellung das Wort „Spezialkuratel" beizusetzen

Zu den ordentlichen Vormundschaften sind jene Pflegschaften zu rechnen, welche für Minderjährige, die keiner eigentlichen, die amtliche Fürsorge im Allgemeinen ausschließenden Familiengewalt unterworfen sind, zum Zwecke ihrer vollständigen Vertretung in allen bürgerlichen Rechtsangelegenheiten bestellt wurden, während solche Pflegschaften, welche nur zur Vertretung Minderjähriger, die sich noch in einer solchen Familiengewalt befinden, in gewissen Beziehungen oder in bestimmten Geschäften bestellt wurden, zu den Spezialkuratelen gehören.

Wenn das Amt eines Spezialkurators gänzlich aufgehört hat, ohne daß die Pflegschaft in Abgang gebracht wurde, ist die Beendigung in der Columne VI der Zugangstabelle anzuzeigen.

§ 5. Wenn Pflegschaften, welche bereits in einem frühern Jahre für die Zugangstabelle ihre Erledigung fanden, wegen eines neuen Vermögensanfalls in derselben rekurrent werden, so ist zu unterscheiden, ob das neue Vermögen

1) blos in Erübrigungen aus den Erträgnissen des früheren Vermögens, z. B. aus Kapitalszinsen besteht, oder
2) aus einem neuen selbstständigen Grunde, z. B. einer neu deferirten Erbschaft herrührt.

Im ersten Falle ist eine Anzeige hievon in der Zugangstabelle nur dann erforderlich, wenn die Erübrigungen so bedeutend sind, daß sie sich zur Anlegung als Kapital eignen, — dann aber mit der neuen Anzeige auch der Eintrag über das frühere Vermögen in der Columne IV zu wiederholen.

Im zweiten Falle dagegen ist der neue Vermögensanfall immer in der Zugangstabelle desjenigen Jahrs, in welchem er stattfand, anzuzeigen, von einer wiederholten Anführung des Ergebnisses der frühern Verhandlungen, welches bereits der Prüfung von Seite der Revisionsinstanz unterlag, aber, sofern nicht etwa eine Reproduktion hierüber durch die vorgesetzte Behörde angeordnet wurde, oder die Wiederholung aus einem andern Grunde veranlaßt erscheint, — Umgang zu nehmen, das Vorausgehen der ältern Einträge in der Columne IV der frühern Zugangstabellen jedoch dadurch anzuzeigen, daß der neue Eintrag, je nachdem er der 2., 3. oder 4. 2c. ist, mit B, C, D 2c. überschrieben wird. (Vgl. § 17.)

§ 6. In der Columne V ist bei jeder Pflegschft der Einzelrichter anzugeben, welcher während des betr. Geschäftsjahrs mit der Behandlung derselben betraut war.

Trat im Laufe dieses Geschäftsjahrs ein Wechsel in der Person des Einzelnrichters ein, so sind die mehrern Einzelnrichter der Reihe nach, wie die Sache im Geschäftsjahre auf sie überging, mit Beifügung der Zeitpunkte, wann solche jedem von ihnen übertragen wurde, anzuführen.

Waren sämmtliche in einer Tabelle aufgeführten Pflegschaften ein und demselben Einzelnrichter übertragen, so genügt es, wenn derselbe nur am Schlusse als solcher genannt wird. Ging in einem solchen Falle während des Geschäftsjahrs das ganze Pensum an einen andern Gerichtsbeamten über, so ist auch dieser nur am Schlusse zu benennen, und der Zeitpunkt, wann ihm das Pensum übertragen wurde, hiebei anzugeben.

§ 7. In der Abgangstabelle ist in Columne IV bei jeder Pflegschaft der Vermögensstand zur Zeit der Aufhebung derselben rücksichtlich des Betrags, der Eigenschaft und Bestandtheile des Vermögens und der Sicherheit der Aktivforderungen regelmäßig in der nämlichen Weise, wie in der Zugangstabelle, und zwar vollständig anzugeben.

Bei unehelichen Kindern, welchen während der ganzen Dauer der Pflegschaft außer den von ihnen verbrauchten Alimenten niemals ein Vermögen anfiel, genügt hier die Anzeige dieses Umstandes. Im Uebrigen werden die nur vorübergehende Bestimmungen enthaltenden generalisirten Entschließungen vom 13. Okt. 1857 und 27. Jänner l. J. hiemit außer Wirksamkeit gesetzt.

§ 8. Bei denjenigen Pflegschaften, welche im Laufe des Geschäftsjahrs von andern Gerichten an das Gericht, welches die Tabelle zu fertigen hat, oder von diesem an andere Gerichte übergingen, ist im ersten Falle der Uebergang von dem andern Gerichte nebst dem Grunde dieses Uebergangs und dem Zeitpunkte, wann derselbe dem Gerichte, welches die Tabelle zu fertigen hat, bekannt wurde, in der Columne VI der Zugangstabelle, — und im zweiten Falle der Uebergang an das andere Gericht nebst dem Grunde dieses Uebergangs und dem Zeitpunkte, wann die Pflegschaftsakten dem neu zuständigen Gerichte übersendet wurden, in der Columne VI der Abgangstabelle anzugeben.

Verfahren bei Anfertigung der Pflegschaftstabellen.

§ 14. Bei jeder Pflegschaft, in der während des Geschäftsjahrs die Verhandlungen zur Ausmittlung und Sicherstellung des Vermögens zum Abschlusse kommen, hat der damit befaßte Einzelnrichter sogleich nach dem Schlusse dieser Verhandlungen eine Vormerkung hierüber nach dem für die Rechenschaftstabellen vorgeschriebenen Formulare, wovon stets eine Anzahl lithographirter Exemplare bereit gehalten werden kann, zu machen, jedoch mit folgender Unterscheidung: . . . .

b) Bei den übrigen Pflegschaften, welche sich zur Aufnahme in die Rechenschaftstabellen eignen, sind dagegen die Einträge in sämmtliche Columnen in der für diese Tabellen vorgeschriebenen Weise zu entwerfen.

Ferner hat jeder Einzelnrichter im Pflegschaftswesen am Schlusse des Geschäftsjahrs auf den gleichen Formularien die Einträge für die Zugangstabelle bezüglich derjenigen ihm übertragenen Pflegschaften, in welchen sich die Verhandlungen zur Ausmittlung und Sicherstellung des Vermögens noch im Laufe befinden, zu konzipiren.

Alle diese Vormerkungen und Conzepte sind nach dem Schlusse des Geschäftsjahrs bei jedem Gerichte zu sammeln, und nach Ergänzung allenfallsiger Lücken alphabetisch zu ordnen, worauf durch Anfertigung einer Reinschrift hievon unter fortlaufenden Nummern die Zugangstabelle herzustellen ist.

§ 15. Auch die Abgangstabelle ist bei jedem Gerichte in der Art herzustellen, daß

1) bei jeder in einem frühern Geschäftsjahre angefallenen Pflegschaft, welche sich während des Geschäftsjahrs für das Gericht erledigt, der damit befaßte Einzelnrichter sogleich nach der Erledigung der Sache den Tabelleneintrag hierüber, — sodann
2) jeder Einzelnrichter im Pflegschaftswesen am Schlusse des Geschäftsjahrs die Tabelleneinträge über die in die Abgangstabelle aufzunehmenden, aber noch nicht erledigten Pflegschaften, welche seiner Behandlung untergeben sind, auf den hiefür bestimmten Formularien entwirft, und
3) alle diese Conzepte nach dem Jahresschlusse gesammelt, alphabetisch geordnet und unter fortlaufenden Nummern in's Reine geschrieben werden.

§ 16. Die Vormerkungen und Conzepte für die Zugangstabellen sind zugleich dazu bestimmt, bei der Einsicht der Pflegschaftsakten den Ueberblick über den Stand der Sache zu erleichtern. Sie sind daher in den betr. Akten aufzubewahren und als erstes Produkt in dieselben einzulegen.

Bei denjenigen Gerichten, bei welchen wegen Bestehens einer eigenen, mit der Verwaltung von Curatelvermögen betrauten Commission oder wegen großen Umfangs der Curatelgeschäfte eigene Pflegschaftsbücher geführt werden, sind die Vormerkungen über die für die Zugangstabelle erledigten Pflegschaften auch zu den Einträgen in diese Bücher zu benützen.

Die übrigen Vormerkungen, welche ausschließend blos für die statistische Tabelle oder blos für die Abgangstabelle verfaßt wurden, sind als Materialien zur Anfertigung dieser Tabellen nach Jahrgängen geordnet in besonderen Convoluten aufzubewahren.

§ 17. Wenn eine bereits in der Zugangstabelle vorgetragene Pflegschaft neuerdings in einer spätern Zugangstabelle oder in einer Abgangstabelle aufzuführen ist, so sind die nämlichen Vormerkungsbögen, auf welchen sich die Conzepte der frühern Tabelleneinträge befinden, wieder zu den Concepten der neuen Einträge zu verwenden. In diesem Falle sind dann diejenigen Columnen, in welchen neue Einträge nothwendig geworden, vorher durch eine, unter den frühern Einträgen zu ziehende, jedoch nur diese Columnen durchschneidende Querlinie abzuschließen, die übrigen Columnen dagegen, in welchen die frühern Einträge unverändert beibehalten werden können, offen zu lassen.

Jeder erste Eintrag in der Columne IV wegen eines angefallnen Vermögens, ist bei diesen Vormerkungen mit A, der nachfolgende wegen eines weitern Anfalls mit B, der nächstfolgende wegen eines weitern Anfalls mit C u. s. f. zu überschreiben, bei solchen neuen Einträgen aber, welche sich auf ältere Einträge über ein früher angefallenes Vermögen beziehen, ist der Zusammenhang durch die Allegation des betreffenden Buchstabens bei den neuen Einträgen erkennbar zu machen.

§ 18. Bei jedem auf einem Vormerkungsbogen entworfenen Conzepte ist von den Einzelnrichtern in der für die laufenden Nummern bestimmten Columnen des Formulars zu bemerken, ob dasselbe zur statistischen Tabelle oder zur Zugangs- oder Abgangstabelle, u. z. für welches Geschäftsjahr bestimmt ist, z. B.

„Zur statistischen T. 1859/60."

„Zur Zug.-T. (Abg.-T.) 1859/60."

Bei den Conzepten für die Rechenschaftstabellen hat dann unter diese Bemerkung der Mundist bei der Anfertigung der Reinschrift jedesmal diejenige Nummer zu setzen, unter welcher die betr. Pflegschaft in der Tabelle vorkommt.

Bezüglich der Allegation der Nummern und Jahreszahlen aus frühern Zugangstabellen sind die Vorschriften im § 8 und 43 der Verordnung vom 13. Juni 1815 auch künftighin genau zu befolgen, diese Nummern und Jahreszahlen aber in den Conzepten tiefer zu setzen.

§ 20. Die Gerichtsvorstände haben dafür Sorge zu tragen, daß die Vorschrift im § 16 und 19 der Registraturordnung vom 28. September 1857, nach welcher bei jedem Gerichte über sämmtliche bei demselben anhängige Curatelen von der Registratur eigene Manualien zu führen sind, genau befolgt, und daß auch für jede Pflegschaft sogleich bei ihrem Anfalle ein eigner Akt angelegt werde, *) zu welchem selbst dann, wenn die Verhandlungen über das Vermögen

*) S. Z. 8. § 17.

eines Pfleglings bei dem nämlichen Gerichte in andern Akten, z. B. in Verlassenschaftsakten gepflogen werden, wenigstens die über die Wahl, Aufstellung und Verpflichtung der Vormünder und Curatoren erlaufenden Produkte zu registriren sind und nach dem Schlusse der Verhandlungen über das Vermögen das Ergebniß hievon, insoweit es den Pflegling betrifft, genau vorzumerken ist.

Beilage II.

Pflegschafts-Zugangs- (Abgangs-) Tabelle
des
k. Bezirksgerichts . . . . als Einzelnrichteramts
(k. Landgerichtes . . . .)
pro 18—.
Eingesendet am . . . .

	I.			II.			III.			IV.	V.	VI.
Num. curr.	Benennung und persönliche Verhältnisse der Pflegbefohlenen			Anfall d. Pflegschaft.			Bestellung der Pflegschaft.			Betrag, Eigenschaft, Bestandtheile, Sicherstellung des Vermögens od. der Alimente u. Hauptakt, wodurch die Feststellung hierüber geschah.	Einzelnrichter.	Bemerkungen.
	Namen und Stand derselben und beziehungsw. ihrer Aeltern.	Alter nach dem Geburtstage.	Wohnort.	Tag.	Monat.	Jahr.	Tag.	Monat.	Jahr.			

5.

Entschließung des k. Staatsministeriums der Justiz vom 31. Juli 1860. (Z. f. G.-G. u. Rpfl. Bd. VII. S. 297.)

Die Verzeichnisse über die bei den Untergerichten anhängigen Pflegschaften b. *)

Nachdem sich von Seite der Gerichte über die Art und Weise, wie die im § 19 der Instruktion für die Anfertigung der untergerichtlichen Pflegschafts-Tabellen vom 23. Aug. v. J. **) und in der generalisirten Entschließung vom 1. Merz l. Js. erwähnten Registraturverzeichnisse einzurichten sind, Zweifel ergeben haben, so wird hierüber folgendes angeordnet:

I. Das allgemeine Verzeichniß, welches wenigstens vom Geschäftsjahre 1860/61 an bei jedem Untergerichte, das nicht bereits ein vollständiges Pflegschaftsgrundbuch besitzt, sämmtliche bei demselben anhängigen Pflegschaften zu

*) S. Ziff. 11, II. 2.
**) S. Z. 4.

enthalten hat, ist dem anliegenden Formulare A gemäß nach Jahrgängen geordnet in der Art anzufertigen, daß

1) jede Pflegschaft in dem Jahrgange eingetragen wird, in welchem sie dem Gerichte anfiel,

2) die zu ein und demselben Jahrgange gehörigen Pflegschaften aber unter sich in alphabetischer Reihenfolge angeführt werden.

Die alphabetische Ordnung braucht indessen nicht genau eingehalten zu werden, sondern es ist vielmehr nach Ermessen für jeden Buchstaben des Alphabets oder mehrere zusammen je ein Bogen einzulegen, worin die einzelnen hiezu gehörigen Pflegschaften ohne weitere alphabetische Ausscheidung so, wie sie nach dem Inhalte der Registraturmanualien, älteren Pflegschaftstabellen oder sonstigen beim Sammeln der angehörigen Pflegschaften zu benützenden Materialien, an die Reihe kommen, vorzutragen sind. Reicht der Bogen zur Aufnahme der darin vorzutragenden Pflegschaften nicht mehr aus, so ist demselben ein zweiter u. s. f. beizulegen. Die zu demselben Buchstaben gehörigen Bögen sind zusammenzuheften . . . .

Jede Seite ist . . . . .

Sollten einzelne Gerichte zur Erleichterung ihrer kuratelamtlichen Geschäftsführung noch weitere Einträge in diesen Verzeichnissen z. B. die Benennung der Vormünder und Curatoren ꝛc. für wünschenswerth erachten, so bleibt es denselben überlassen, diese Einträge in besonderen Columnen beizufügen.

Die Fortsetzung dieses Verzeichnisses in späteren Jahren durch Nachtragung der neu zugegangenen und Delirung der durch die Erledigung der Pflegschaften hinweggefallenen Pfleglinge liegt dem Verfasser der statistischen Tabelle ob, welcher die Zugänge und Erledigungen aus den Conzepten der Einzelnrichter für die Spezialpflegschaftstabellen nach geprüfter Vollständigkeit dieser Concepte durch Vergleichung des sub II unten erwähnten besonderen Verzeichnisses zu entnehmen hat.

Solche Pflegschaften, welche während des Geschäftsjahres neu anfielen oder, nachdem sie schon in einem früheren Geschäftsjahre bei einem andern Gerichte anhängig waren, an das Gericht, wo das Verzeichniß anzufertigen ist, übergingen, und vor dem Schlusse des nemlichen Geschäftsjahres in Erledigung kamen, eignen sich gar nicht zum Eintrag in dieses Verzeichniß. Bei Delirung der Pfleglinge sind deren Namen mit rother Tinte zu streichen und zugleich die entsprechenden Einträge in der Columne IV nach deren Ueberschrift zu machen.

II. In dem besonderen Verzeichnisse über die im jeweiligen Geschäftsjahre kurrent gewesenen Pflegschaften sind nach dem Formulare B die einzelnen Pflegschaften in alphabetischer Reihenfolge einzuführen. Bei denjenigen Untergerichten, welche bereits gehörig geordnete Registraturmanualien haben, können die besonderen Verzeichnisse leicht durch Auszüge aus diesen Manualien hergestellt werden. Die Columnen I—III sind bei jeder Pflegschaft von der Registratur auszufüllen; die in der Columne IV einzutragenden Zahlen aber hat der Verfasser der statistischen Tabelle oder der Mundist der Spezialtabellen, jedoch erst dann, wenn die von den Einzelnrichtern angefertigten Conzepte für die Spezialtabellen bei der Vergleichung mit diesem Verzeichnisse sich als vollständig bewiesen haben, und nach der Bezifferung der Conzepte beizusetzen.

Für das Jahr 1859/60 brauchen, ...

Schließlich wird noch bemerkt, daß neben den beiden obigen Verzeichnissen, die bisher üblichen Reproduktionsverzeichnisse über die Zeitpunkte, zu welchen die wegen Minderjährigkeit unter Pflegschaft gestellten Personen aus derselben zu entlassen sind, fortzubestehen haben. . . .

1850/51 (Jahr des Anfalls). Formular A.

A. Anfangsbuchstabe der Geschlechtsnamen der auf diesem Bogen einzutragenden Pfleglinge.

I.						II.	III.	IV.		V.
Der Pfleglinge						Grund der Pflegschaft bei großj. Pfleglingen	Nro. unter welcher die Pflegschaft d. erstemal in der Zugangstab. vorkommt.	Abschreibung d. erledigt. Pflegschaft in der Abggstab.		Bemerkungen.
Namen	Stand.	Zeit der Geburt.			Wohnort.					
		Tag.	Monat.	Jahr.				Jahrgg.	Nro.	

Formular B.

Verzeichniß

der bei dem k. . . . im Geschäftsjahre 18— kurrent gewesenen Pflegschaften.

I.	II.	III.	IV.		V.
Nummern des Registraturmanuals.	Bezeichnung der Pflegschaften nach dem Rubrum.	Einzelnrichter in jeder Pflegschaft.	Nummern, unter welchen die nicht unterstrichenen Pflegchaften i. d. Rechenschaftst. vorgetragen sind		Bemerkungen.
			in der Zugangstabelle.	in der Abgangstabelle.	

6.

Justizministerial-Entschließung vom 26. Juni 1862. (J.-M.-Bl. 1863. S. 11.*)

Die Geschäftsbehandlung und den Geschäftsverkehr der Gerichte b.

(Einleitung.)

I. (Aufrechthaltung der bestehenden Vorschriften für die Oberappellations-Gerichte, Appellationsgerichte und Bezirksgerichte.)

*) Jetzt abgeändert durch die Geschäfts- und Registraturordnung für die Stadt- und Landgerichte v. 20. Sept. 1863. (S. unten Ziff. 9.)

II. (Aufhebung der Instruktion für den landgerichtlichen Dienst v. 23. Sept. 1857, und Hinweisung der Stadt- und Landgerichte auf G.-V.-G. v. 10. Nov. 1861.)

III. (Ausdehnung der Registraturordnung für die Bezirksgerichte als E.-R.-A. v. 28. Sept. 1857 auf die Stadt- und Landgerichte. *)

IV. V. (Verkehr mit dem k. Staatsministerium der Justiz.)

VI. (Verkehr der Bezirksgerichte, Untersuchungsrichter, dann der Stadt- und Landgerichte in gleicher Form: „Das 2c. an das 2c." mit beziehungsweise befehlenden, ersuchenden oder berichtendem Tone und mit Fertigung des Gerichtsvorstanses, bezw. des betreffenden Richters unter Hinweglassung aller Höflichkeits- und Empfehlungsformulare.) (Notenwechsel. **)

VII. (Verkehr mit den Staatsanwälten.)

VIII. Soweit nicht in Ziff. IV—VII etwas anderes angeordnet ist, bleiben die Vorschriften für den Verkehr der Gerichte unter sich und mit anderen Behörden des In- und Auslandes ungeändert. ***)

IX. (Verkehr mit den Polizeibehörden.)

X. (Diensteseide.)

XI. (Amtsübergaben.)

XII. (Mitwirkung der Staatsanwaltschaft. †) Einsicht der Gerichtsakten durch dieselbe. Schluß.)

7.

Bekanntmachung des kgl. Staatsministeriums der Justiz vom 20. Febr. 1863. (R.-Bl. 1863. S. 147.)

Die Visitation der Stadt- und Landgerichte und Notariate in den Landestheilen diesseits des Rheins betr. ††)

Staatsministerium der Justiz.

Ueber die Visitation der Stadt- und Landgerichte und Notariate in den Landestheilen diesseits des Rheins wird im Einverständnisse mit dem kgl. Staatsministerium der Finanzen — angeordnet, was folgt:

§ 1. Bei den Stadt- nnd Landgerichten und Notariaten haben fortan nach Maßgabe der bestehenden Vorschriften regelmäßige und auf besonderer Anordnung des Staatsministeriums der Justiz außerordentliche Visitationen stattzufinden.

---

*) Sieh nun die Gesch.- u. Registraturordnung v. 20. Sept. 1863 unten Ziff. 9.

**) Der Notenwechsel wird durch die J.-M.-E. v. 7. Aug. 1866 neuerdings eingeschärft. (S. unten Ziff. 15.)

***) Vergl. bezüglich Belgien Ziff. B. 25; mit den Notaren Ziff. B. 35. 48; mit anderen Gerichten Ziff. A. 15; mit Nordamerika Ziff. B. 46.

†) Vergl. Ziff. 7. 8. 11. 13. 15.

††) Vgl. Ziff. 2. § 51. Ziff. 6. XII.

I. Von den regelmäßigen Visitationen.

§ 2. Die Vornahme der regelmäßigen Visitationen der Stadt- und Landgerichte und Notariate geschieht durch die Staatsanwälte an den einschlägigen Bezirksgerichten und den Oberstaatsanwälten am Appellationsgerichte des betreffenden Kreises.

Die Substitute der Staatsanwälte und Oberstaatsanwälte haben diese Visitationen nur bei Verhinderung des ersten staatsanwaltschaftlichen Beamten und auch in diesem Falle nur dann vorzunehmen, wenn das Visitationsgeschäft durchaus keinen Aufschub duldet.

§ 3. Die Staatsanwälte bei den Bezirksgerichten haben jedes Stadt- und Landgericht und Notariat des Bezirksgerichtssprengels binnen 2 Jahren einmal zu visitiren, die Visitation der an ihrem Amtssitze befindlichen Gerichte und Notariate kann jedoch von den Staatsanwälten nach ihrem Ermessen auch in kürzeren Fristen wiederholt oder mit Unterbrechungen vorgenommen werden.

Die Oberstaatsanwälte haben von der Geschäftsführung der an ihrem Amtssitze befindlichen Stadt- und Landgerichte und Notare gleichfalls von Zeit zu Zeit Einsicht zu nehmen. Außerdem haben dieselben in jedem Geschäftsjahre drei auswärtige Stadt- und Landgerichte und Notariate ihres Kreises — nach freier Auswahl jedoch mit gehöriger Abwechslung unter diesen Gerichten und Notariaten — zu visitiren.

§ 4. Mit der Visitation der außerhalb ihres Amtssitzes befindlichen Stadt- und Landgerichte haben die Beamten der Staatsanwaltschaft stets auch die Visitation der dortigen Notariate zu verbinden.

Die Visitation eines solchen auswärtigen Gerichtes muß — ohne Einrechnung der auf die Hin- und Herreise verwendeten Zeit — längstens binnen 4 Tagen, die Visitation eines auswärtigen Notariats längstens binnen 2 weiteren Tagen beendet sein.

§ 5. Bei den regelmäßigen Visitationen der Stadt- und Landgerichte ist vorzugsweise der Zustand der Geschäftsführung in Bezug auf die Gegenstände der nicht streitigen Rechtspflege nach Maßgabe der unterm Heutigen ergangenen besondern Vorschriften zu prüfen.

§ 6. (Aufsicht auf die streitige Rechtspflege und die Strafgerichtsbarkeit.) —

§ 7. Außerdem haben sich die regelmäßigen Visitationen aber auch auf alle übrigen Gegenstände der Justizverwaltung zu erstrecken, insbesondere:

. . . . 2) Auf die Behandlung des Depositenwesens, insbesondere die Beobachtung der Vorschriften der Depositenordnung über die Aufbewahrung und den gehörigen Verschluß der deponirten Gelder, Werthpapiere und Urkunden; *)

3) Auf die Errichtung der Registratur und Repositur, die vorschriftsmäßige Führung der Tagebücher, Anlegung und Fortführung der nothwendigen Aktenverzeichnisse, die rechtzeitige Ausscheidung der erle-

---

*) S. Heft V.

digten Akten und deren Abgabe an die Repositur, endlich die gehörige Vorsorge gegen Ueberfüllung der letztern durch Entfernung und Vernichtung zum Einstampfen geeigneter Akten.

§ 8. (Visitation der Notariate.)

§ 9. Ueber jede regelmäßige Visitation haben die Beamten der Staats-Anwaltschaft eine Vormerkung*) zu errichten, welche — bei der Visitation auswärtiger Gerichte und Notariate neben der genauen Angabe der zur Hin- und Herreise verwendeten Zeit und der benützten Reisegelegenheit — die an jedem einzelnen Vor- und Nachmittage vorgenommenen Visitationshandlungen durch Bezeichnung der Gegenstände, auf welche sich dieselben erstreckten, nachzuweisen und die hiebei gemachten Wahrnehmungen in gedrängter Kürze zu enthalten hat.

Von jedem Staatsanwalte und Oberstaatsanwalte ist ferner ein Vormerkungsbuch nach Maßgabe des in der Anlage beigefügten Formulars anzulegen, in welches die einzelnen Visitationen jedesmal sogleich nach deren Beendigung unter Beobachtung der auf der Titelseite des Formulars enthaltenen Vorschriften einzutragen sind.

§ 10. Eine förmliche Bescheidung der regelmäßigen Visitationen findet nicht statt. Die hiebei gemachten Wahrnehmungen in Bezug auf die Handhabung der nichtstreitigen Rechtspflege bei den Gerichten und auf das Notariatswesen sind vielmehr von den Beamten der Staatsanwaltschaft lediglich als Anhaltspunkte für ihre weitere Thätigkeit hinsichtlich der Beaufsichtigung der Stadt- und Landgerichte und Notariate zu benützen, allenfallsige hiebei über die Behandlung der Gegenstände der Justizverwaltung (§ 6 am Ende und § 7 der gegenwärtigen Vorschriften) wahrgenommene Unregelmäßigkeiten und Gebrechen aber, soferne denselben nicht schon durch geeignete Hinweisung auf die deßfalls bestehenden dienstlichen Anordnungen oder durch Anzeigen bei den vorgesetzten Bezirksgerichten abgeholfen werden kann, auf dem vorgeschriebenen Diensteswege dem Staatsministerium der Justiz zur Anzeige zu bringen.

§ 11. Die Staatsanwälte an den Bezirksgerichten haben alsbald nach der Vornahme einer jeden regelmäßigen Visitation die hierüber aufgenommene Vormerkung, dem Oberstaatsanwalte zur Einsicht vorzulegen und dem Verlagberichte gegebenen Falls den Entwurf der in Gemäßheit der §§ 5, 6 u. 7 der Vorschriften „über die Beaufsichtigung der Stadt- und Landgerichte in den Gegenständen der nichtstreitigen Rechtspflege und die Ueberwachung des Notariatswesens" veranlaßten Anzeigen und Vorschläge beizufügen. Die Oberstaatsanwälte aber haben auf Grund der bei den Visitationen gemachten Wahrnehmungen die geeigneten Weisungen an die Staatsanwälte zu erlassen oder bei besonderer Veranlassung hiezu an das Staatsministerium der Justiz Bericht zu erstatten.**)

§ 12. Nach Ablauf eines jeden Geschäftsjahres — längstens bis 1. Februar***) — haben die Staatsanwälte an den Bezirksgerichten die Vormerkungen

*) S. Z. 10. 11. 12. 13.
**) S. Z. 10. 11. 12. 13.
***) Dieser Termin bleibt unverändert s. Z. 16. IV.

über die sämmtlichen im Laufe dieses Jahres vorgenommenen regelmäßigen Visitationen sammt einem beglaubigten Auszuge aus dem Vormerkungsbuche (§ 9 Abs. 2) dem Oberstaatsanwalte mit Bericht vorzulegen.

Der Oberstaatsanwalt hat längstens bis 1. Merz*) die sämmtlichen Vorlagberichte der Staatsanwälte sammt den im Abs. 1 bezeichneten Berichtsbeilagen und den Vormerkungen über die von ihm selbst vorgenommenen Visitationen, sowie einem Auszuge aus seinem eigenen Vormerkungsbuche dem Staatsministerium der Justiz in Vorlage zu bringen.

§ 13. In den nach den Bestimmungen des vorhergehenden § zu erstattenden Vorlagberichten haben sich die Staatsanwalte und Oberstaatsanwälte über die im verflossenen Geschäftsjahre in Bezug auf die Geschäftsbehandlung bei den Stadt- und Landgerichten und Notariaten ihres Gerichtssprengels, beziehungsweise Kreises, im Allgemeinen gemachten Wahrnehmungen über die hiebei in Erfahrung gebrachten hauptsächlichsten Mängel und Gebrechen, die zu deren Abhilfe angewendeten Maßregeln und die Ergebnisse derselben, sowie endlich über allenfalls wünschenswerthe Abänderungen der Gesetzgebung oder der bestehenden Dienstesvorschriften und sonstigen allgemeinen Anordnungen zu äußern.

II. Von den außerordentlichen Visitationen.

§ 14—19.

Schlußbestimmungen.

§ 20. (Taggelder und Reisekosten bei den Visitationen.)

§ 21. Die gerichtlichen Beamten und Bediensteten sowie die Notare haben den zur Visitation abgeordneten Beamten bei der Vornahme dieses Geschäftes jedweden förderlichen Beistand zu leisten und denselben nicht blos auf Befragen, sondern auch von freien Stücken alle zur richtigen Würdigung des Geschäftsstandes dienlichen Aufschlüsse rückhaltlos zu gewähren.

Andrerseits werden aber auch die mit der Vornahme der regelmäßigen oder außerordentlichen Visitation betrauten Beamten hiebei niemals aus den Augen verlieren, daß es bei diesem Geschäfte nicht auf eine Untersuchung gegen die Gerichts- und Notariatspersonen, sondern lediglich auf eine allgemeine Erforschung des jeweiligen Geschäftszustandes anzukommen hat; — daß mithin über wahrgenommene Mängel in der Amtsführung keineswegs in's Einzelne gehende zeitraubende und weitläufige Erhebungen oder gar umständliche Befragungen der Beamten des Gerichts oder der Notare stattfinden sollen, vielmehr erst die Ergebnisse der Visitationen zu Untersuchungen und anderen Maßnahmen Veranlassung bieten können; — und sich nach diesem Gesichtspunkte, sowohl was ihr Benehmen bei der Visitation überhaupt, als auch was den Zeitaufwand zu diesem Geschäfte anbelangt, aller Gründlichkeit unbeschadet, zu verhalten wissen.

---

*) Dieser Termin bleibt gleichfalls unverändert s. Z. 16. IV.

8.

Bekanntmachung des kgl. Staatsministeriums der Justiz vom 20. Februar 1863. (R.=Bl. 1863. S. 121.)

Die Beaufsichtigung der Stadt= und Landgerichte in den Gegenständen der nichtstreitigen Rechtspflege und die Ueberwachung des Notariatswesens in den Landestheilen diesseits des Rheins betreffend.*)

1. Abschnitt.

Allgemeine Bestimmungen.

§ 1. Die den Staatsanwälten übertragene Aufsicht auf die Behandlung der Gegenstände der nichtstreitigen Rechtspflege bei den Stadt= und Landgerichten und auf die Amtsführung der Notare liegt dem betreffenden ersten staatsanwaltschaftlichen Beamten ob. Die Substituten haben sich daher mit den zu dieser Aufsicht gehörigen und in deren Folge sich ergebenden Geschäften nur bei Verhinderung des ersten staatsanwaltschaftlichen Beamten und auch in diesem Falle nur dann zu befassen, wenn die fraglichen Geschäfte keinen Aufschub dulden.

§ 2. Die von den Gerichten in Gemäßheit der darüber bestehenden besondern Bestimmungen den Staatsanwälten alljährlich vorzulegenden Geschäftsausweise **) sollen den Staatsanwälten nicht blos einen Ueberblick über den Umfang der Geschäfte der nichtstreitigen Rechtspflege bei den ihrer Aufsicht unterstellten Gerichten gewähren; die Prüfung dieser Geschäftsausweise wird sie auch in den Stand setzen, sich über die Thätigkeit der Gerichte in Behandlung der verschiedenen Geschäftszweige sowie über den Stand und Fortgang der einzelnen Geschäfte in Kenntniß zu erhalten.

§ 3. Zur Erfüllung des Beaufsichtigungszweckes haben die Staatsanwälte außerdem alle Thatsachen, welche über die Behandlung der Geschäfte der freiwilligen Rechtspflege bei den Gerichten ihres Aufsichtsbezirkes, sowie über die Amtsführung der betreffenden Notare zu ihrer Kenntniß gelangen, insbesondere die bei den Visitationen der Gerichte und Notariate gemachten Wahrnehmungen zu berücksichtigen.

§ 4. Die Beamten der Staatsanwaltschaft sind berechtigt, die gerichtlichen Geschäftsbücher, General= und Spezial=Akten, welche sich auf Gegenstände der freiwilligen Rechtspflege beziehen, nicht nur jeder Zeit bei Gericht einzusehen, sondern auch zur Einsicht abzuverlangen, soferne diese Uebersendung ohne Störung des gerichtlichen Geschäftsganges geschehen kann und nach der Natur der betreffenden Akten überhaupt thunlich erscheint. Ueber die Einsicht der Geschäftsbücher und Akten der Notare sind die Bestimmungen des Art. 125 des Notariats=Gesetzes maßgebend.

Die Beamten der Staatsanwaltschaft können ferner über die Behandlung der ihrer Ueberwachung unterstellten Gegenstände von den betreffenden gerichtlichen Beamten und von den Notaren jederzeit mündliche oder schriftliche Aufklärungen verlangen. Die Einholung schriftlicher Aufklärungen soll jedoch, damit die Gerichte und Notare hiedurch nicht belästigt werden, nicht ohne besondere Veran=

---

*) S. Ziff. 6. XII. Ziff. 7.
**) S. Ziff. 11 u. 12.

lassung und namentlich in Bezug auf Verlassenschaften und Pflegschaften nur insoweit geschehen, als die über diese Gegenstände angefertigten Geschäftsausweise als mangelhaft erscheinen, und die erforderlichen Aufschlüsse auch nicht wohl durch Einsicht der betreffenden Spezialakten erlangt werden können.

§ 5. Dagegen sind die Beamten der Staatsanwaltschaft nicht befugt, den ihrer Aufsicht unterstellten Gerichten über die Behandlung der Gegenstände der nichtstreitigen Rechtspflege, sowie den Notaren hinsichtlich ihrer Geschäftsführung Erinnerungen zu machen, Weisungen zu ertheilen, oder von denselben Rechtfertigungen zu verlangen. Sie haben den betreffenden Bezirksgerichten über ihre Wahrnehmungen in dieser Hinsicht lediglich Anzeige zu erstatten und auf diesem Wege die Beseitigung vorhandener Gebrechen zu erwirken.

§ 6. Jede solche Anzeige ist — soferne nicht eine Strafeinschreitung gegen gerichtliche Beamte oder Bedienstete oder gegen Notare veranlaßt erscheint — schriftlich abgefaßt sammt den erforderlichen Belegen dem betreffenden Bezirksgerichte zur Beschlußfassung zu übergeben. In der Anzeige sind aber nicht blos die in der Geschäftsbehandlung der Gerichte und Notare wahrgenommenen Mängel und Gebrechen, welche eine Abhülfe bedürfen, bestimmt zn bezeichnen, sondern mit der Anzeige zugleich Vorschläge über die zu deren Abhülfe anzuwendenden Mittel und insbesondere auch über diejenigen Maßregeln zu verbinden, welche allenfalls im Interesse des Staatsärars nothwendig erscheinen, um von demselben Nachtheile oder die Gefahr von Haftungen abzuwenden.

Erscheint dagegen eine Strafeinschreitung gegen gerichtliche Beamte oder Bedienstete oder die Verhängung von Ordnungsstrafen gegen Notare veranlaßt, so haben sich die Beamten der Staatsanwaltschaft jedes Antrags oder Vorschlags zu enthalten und sich darauf zu beschränken, die in Erfahrung gebrachten Thatsachen den betreffenden Gerichtsvorständen oder Bezirksgerichten, welchen die Verhängung von Ordnungsstrafen, resp. die Disziplin in erster Instanz zusteht, unter Mittheilung der ihnen zu Handen gekommenen Beweismittel zur Anzeige zu bringen. — In Fällen, welche geeignet erscheinen, gegen Notare Disziplinarstrafen eintreten zu lassen, ist jedoch gemäß Art. 124 des Notariatsgesetzes mit der Anzeige sogleich der betreffende Antrag zu verbinden.

§ 7. Die in Gemäßheit der Bestimmungen des Abs. 1 des vorgehenden § zu fertigenden Anzeigen und gutachtlichen Aeußerungen der Staatsanwälte an den Bezirksgerichten sind vor der Mittheilung an diese Gerichte mit den dazu gehörigen Akten und Aktenstücken dem betreffenden Oberstaatsanwalte zur Einsicht vorzulegen.

Der Oberstaatsanwalt hat die Entwürfe zu prüfen und mit den allenfalls dadurch veranlaßten Erinnerungen und Weisungen an die Staatsanwälte zurückzusenden, welche sodann, gegebenen Falls nach auftragsgemäßer Umgestaltung der früheren Entwürfe, für deren Hinübergabe an die Bezirksgerichte zu sorgen haben.

§ 8. Die Bezirksgerichte haben über jede gemäß § 6 Abs. 1 der gegenwärtigen Vorschrift erstattete Anzeige in geheimer Sitzung Beschluß zu fassen.

Von den gefaßten Beschlüssen ist den Staatsanwälten alsbald — in der Regel durch Vorzeigung — Kenntniß zu geben. Den Letzteren steht zwar ein Beschwerderecht gegen solche Beschlüsse nicht zu, es ist ihnen jedoch, wenn sie weitere Maßnahmen für nothwendig erachten, unbenommen, an den Oberstaats-Anwalt Anzeige zu erstatten, welcher, soferne Veranlassung hiezu besteht, an das Staatsministerium der Justiz hierüber zu berichten hat.

§ 9. Zeigt sich bei einer solchen Beschlußfassung, daß Anlaß zu einer Strafeinschreitung gegen gerichtliche Beamte oder Bedienstete oder gegen Notare gegeben ist, so ist hierüber besonders zu beschließen, und hiebei, sowie bei Strafeinschreitungen überhaupt nach Maßgabe der bestehenden gesetzlichen Vorschriften, insbesondere der Bestimmungen der IX. Beilage zur Verfassungsurkunde und der Art. 113 und folgende des Gesetzes vom 10. November 1861 „das Notariat betr." zu verfahren.

Die Gerichtsvorstände und resp. die Bezirksgerichte haben übrigens in allen Fällen, in welchen von den Staatsanwälten zum Zwecke der Strafeinschreitung gegen gerichtliche Beamte oder Bedienstete oder gegen Notare Anzeigen erstattet würden (§ 6 Abs. 2 der gegenwärtigen Vorschriften) von dem Erfolge dieser Anzeigen die Staatsanwälte in Kenntniß zu setzen.

§ 10. Die Oberstaatsanwälte haben die Staatsanwälte in der Erfüllung ihrer Obliegenheiten in Bezug auf die ihnen übertragene Beaufsichtigung der Stadt- und Landgerichte und Notare zu überwachen, sich von denselben, so oft Veranlassung hiezu gegeben ist, über ihre deßfallsigen Wahrnehmungen Bericht erstatten zu lassen, um ihnen sowohl über die Art und Weise der Aufsichtsführung, als auch über die auf den Grund der hiebei gemachten Wahrnehmungen an die Bezirksgerichte zu erstattenden Anzeigen und Gutachten die geeigneten Weisungen zu ertheilen.

Von Seite der Oberstaatsanwälte ist hiebei namentlich auf möglichste Gleichförmigkeit in der Geschäftsbehandlung der sämmtlichen Stadt- und Landgerichte und Notare des Kreises hinzuwirken.

In besonders zweifelhaften Fällen haben die Oberstaatsanwälte die Entschließung des Staatsministeriums der Justiz zu erholen und bis zum Eintreffen derselben die Anweisung der Staatsanwälte zu unterlassen. *)

2. Abschnitt.

Besondere Bestimmungen.

I. Beaufsichtigung des Pflegschaftswesens.

§ 16. Die Aufsicht der Staatsanwälte hat sich auch in diesem Gebiete sowohl auf das Formelle, als auch das Materielle der gerichtlichen Geschäftsführung zu erstrecken.

Sie wird vorzugsweise geübt durch die Prüfung der von den Gerichten hierüber vorzulegenden Geschäftsausweise **), deren Richtigkeit und Vollständigkeit die Staatsanwälte durch die Einsicht einzelner Pflegschaftsakten, namentlich bei Gelegenheit der Visitationen ***) zu kontroliren haben.

---

*) S. Z. 10. 11. 12. 13.

**) S. Z. 11. 12.

***) S. Z. 7.

§ 17. In formeller Beziehung haben die Staatsanwälte insbesondere darüber zu wachen, daß für jede Pflegschaftssache gesonderte Akten angelegt *), die vorgeschriebenen Registraturbücher und Pflegschaftsverzeichnisse **) gehörig geführt und evident gehalten, endlich die zu den Spezialakten zu verfassenden Uebersichten über den Stand aller derjenigen Pflegschaften, bezüglich deren die Fertigung solcher Uebersichten angeordnet ist, in der vorschriftsmäßigen Form und in Uebereinstimmung mit dem Inhalte der einschlägigen Akten gefertigt und nach dem Schlusse jedes Geschäftsjahrs rechtzeitig und vollständig den Staatsanwälten vorgelegt werden. ***)

§ 18. Hinsichtlich der materiellen Geschäftsbehandlung haben die Staats-Anwälte ihre Aufmerksamkeit hauptsächlich darauf zu richten: †)

1) ob die Vormünder und Curatoren in jeder neu angefallenen Pflegschaft rechtzeitig bestellt werden;
2) ob und in welcher Weise für die Personen der Pfleglinge, für deren Unterbringung, Ernährung und Erziehung gesorgt ist;
3) ob und in welcher Weise deren Vermögen ausgemittelt und sichergestellt, ob insbesondere in denjenigen Fällen, in welchen eine gerichtliche Deponirung von Geldern, Pretiosen oder Werthpapieren Pflegebefohlener zu geschehen hatte, diese in entsprechender Weise bethätigt, und ob in jenen Fällen, in welchen die Vormünder oder Curatoren Vermögen ihrer Pfleglinge in Handen haben, woran diese beschädigt werden können, das Interesse der Pfleglinge durch Errichtung der erforderlichen Cautionen von Seite der Vormünder und Curatoren genügend gewahrt;
4) ob die Verwaltung des Vermögens der Pfleglinge durch die Vormünder und Curatoren von den Gerichten gehörig überwacht und für die gesetzlich vorgeschriebene Rechnungsstellung hierüber Sorge getragen, endlich
5) ob jede Pflegschaft, in welcher das Amt des Vormunds oder Curators sein Ende erreicht, vom Gerichte gehörig in Erledigung gebracht und namentlich in jedem Falle, in welchem eine förmliche Entlassung des Pfleglings aus der Pflegschaft einzutreten hatte, diese rechtzeitig vorgenommen wurde.

3. Abschnitt.

Schlußbestimmungen.

§ 28. Von der Behandlung der übrigen Gegenstände der nichtstreitigen Rechtspflege, welche nach den bestehenden Gesetzen eine gerichtliche Prüfung, Bestätigung und Beschlußfassung erfordern, haben sich die Staatsanwälte, soferne in einzelnen Fällen Veranlassung hiezu besteht, durch Abforderung der einschlägigen Akten, außerdem aber bei Gelegenheit der Visitationen Kenntniß zu verschaffen und darüber zu wachen, daß hiebei nach den Vorschriften der einschlägigen Civilgesetze verfahren werde, und daß die Erledigung solcher Geschäfte seitens der Gerichte keinen Aufschub erleide.

---

*) S. Z. 4. § 18.
**) S. Z. 11. 12.
***) S. Z. 11. 12.
†) S. Ldr. Thl. I. Cap. 7 im I. Hefte.

§ 29. Hinsichtlich der Anfertigung der von den Gerichten über die Gegenstände der nichtstreitigen Rechtspflege den Staatsanwälten vorzulegenden Geschäftsausweise und deren weiterer Behandlung durch die Staatsanwälte wird besondere Entschließung erfolgen. *) —

9.

Geschäfts- und Registratur-Ordnung für die Stadt- und Landgerichte in den Landestheilen diesseits des Rheins.

(Bekannt gemacht durch J.-M.-E. v. 20. Sept. 1863. J.-M.-Bl. 1863. S. 105. ff.)

Erster Abschnitt.

Von der Behandlung des Einlaufs und Führung der Tagebücher.

§ 1. Zum Einlaufe des Gerichts gehören nicht nur diejenigen Aktenstücke, welche von Außen — sei es von andern Gerichten oder Behörden, von Notaren, Anwälten oder Privatpersonen — an das Gericht gelangen, sondern auch alle bei dem Gerichte aufgenommenen Protokolle.

Alle diese Aktenstücke — mit alleiniger Ausnahme derjenigen, in Bezug auf welche etwas Anderes ausdrücklich angeordnet ist, — sind alsbald nach ihrem Eintreffen beziehungsweise der Anfertigung dem Gerichtsvorstande zur Einsicht vorzulegen, zu präsentiren, in die Tagebücher einzutragen und hierauf an die betreffenden Referenten zu vertheilen.

§ 2. Der Gerichtsvorstand hat die verschlossenen Einlaufstücke selbst zu eröffnen, den gesammten Einlauf zu durchgehen und eigenhändig zu präsentiren.

Die Präsentation des Einlaufs geschieht durch Beisetzung des Tages, an welchem die Sache in den Einlauf gelangte, und hat beispielsweise zu lauten:

„pr. 1. Oktober 1863.“

Diese Worte sind auf dem Einlaufstücke und, soferne dasselbe in mehrfacher Ausfertigung einkam, auch auf jeder weitern Ausfertigung (dem Duplikate, Triplikate u. s. w.) oben rechts und zwar, wenn der Einlauf mittelst Protokollarbeschlusses oder Randbemerkung einlangte, unmittelbar oberhalb dieses Beschlusses beziehungsweise dieser Randbemerkung mit Tinte beizufügen.

§ 3. Bei der Durchgehung des Einlaufs hat der Gerichtsvorstand jene Einlaufstücke, welche einer besonderen Zutheilung bedürfen, sofort durch Bezeichnung des betreffenden Referenten zuzutheilen. Hinsichtlich derjenigen Ersuchen und Aufträge, welche lediglich eine Zustellung oder Vorladung bedingen, hat der Gerichtsvorstand der Beschleunigung wegen sogleich selbst den entsprechenden Auftrag an den Gerichtsdiener zu erlassen.

Gleichzeitig hat der Gerichtsvorstand die Einlaufstücke, je nachdem sie sich zum Eintrage in die einzelnen Tagebücher eignen, auszuscheiden, die entsprechende Bezeichnung des Tagebuchs durch Beifügung des betreffenden Buchstabens (§ 8 Abs. 2) beizusetzen und hierauf an die mit der Führung der Tagebücher betrauten Personen abzugeben.

---

*) S. Z. 11. 12.

§ 4. Bei jedem Stadt- und Landgerichte sind folgende Tagebücher zu führen:

1) das allgemeine Tagebuch nach der Anlage Form. I;
2) das Tagebuch für's Hypothekenamt nach der Anlage Form. II, und
3) das Tagebuch für Ersuchen und Aufträge nach der Anlage Form. III.

§ 5. In das allgemeine Tagebuch sind alle, nicht blos an das Gericht, sondern auch an den Gerichtsvorstand gelangenden Einläufe (§ 1) einzutragen, welche sich nicht zum Eintragen in eines der besonderen Tagebücher eignen.

In diesen Letzteren sind vorzutragen und zwar

a) im Tagebuch für's Hypothekenamt: alle schriftlichen Vorlagen und protokollarischen Anträge, welche an das Gericht in seiner Eigenschaft als Hypothekenamt gelangen, und
b) im Tagebuch für Ersuchen und Aufträge: alle Einläufe bezüglich solcher Geschäfte, welche nicht in der ordentlichen Zuständigkeit des Gerichtes liegen, sondern in Folge Ersuchens oder Auftrags eines andern Gerichts oder andern Behörde oder in Gemäßheit des Art. 17 des Gesetzes vom 10. November 1861, die Gerichtsverfassung betr., anfallen.

Außer den Einläufen sind in die Tagebücher auch alle diejenigen Verfügungen einzutragen, welche — ohne durch ein Einlaufstück veranlaßt zu sein — von Amtswegen erlassen werden und zum Auslaufe bestimmt sind.

§ 6. Das allgemeine Tagebuch und das Tagebuch für Ersuchen und Aufträge sind unter der unmittelbaren Aufsicht des Gerichtsvorstandes von dem Gerichtsschreiber oder einem vom Gerichtsvorstande hiezu beauftragten Rechtspraktikanten oder Tagschreiber zu führen.

Das Tagebuch für's Hypothekenamt ist von dem mit dem Hypothekenwesen betrauten Richterbeamten selbst oder unter dessen unmittelbaren Aufsicht, Leitung und Verantwortlichkeit von dem ihm beigegebenen Tagschreiber zu führen.

§ 7. Die Tagebücher sind reinlich und frei von Correkturen und Rasuren zu führen.

Jedes Einlaufstück ist an dem Tage des Einlaufs und, wenn der Einlauf erst spät Abends einlangt, jedenfalls sogleich am folgenden Morgen in das betreffende Tagebuch einzutragen.

Die Ziffer in der ersten Spalte der Tagebücher läuft das ganze Geschäftsjahr hindurch fort.

Die Tagebücher sind in einzelnen Heften von je 10 Bogen zu führen, welche nach fortlaufenden Ziffern aneinander gereiht, in einem Umschlage mit entsprechender Uebersicht gesammelt und am Ende des Geschäftsjahres je nach ihrem Umfange in einen oder mehrere Bände zusammengebunden werden.

Im Uebrigen sind bei der Führung und dem Abschlusse der einzelnen Tagebücher die auf den betreffenden Formularen enthaltenen Vorschriften genau zu beachten.

§ 8. Die Ziffer, unter welcher der Eintrag im Tagebuche erfolgt, in Verbindung mit der Bezeichnung des betreffenden Tagebuchs — das allgemeine Tagebuch ist hiebei mit A, das Tagebuch für Ersuchen und Aufträge mit R, und das Tagebuch für's Hypothekenamt mit H zu bezeichnen — bildet die Geschäftsziffer für die betreffenden Einläufe sowie die darauf ergehenden Verfügungen.

Die also gebildete Geschäfts-Ziffer (beispielsweise A 12, R 30, H 67) ist auf den betreffenden Einlaufsstücken oben rechts nach dem Präsentatum und in gleicher Linie mit demselben, auf den vom Gerichte erlassenenen Verfügungen, Berichten und Beschlüssen u. dgl. — und zwar sowohl auf den Entwürfen wie auf den Ausfertigungen — oben links vorzumerken.

§ 9. Sobald der Eintrag in die Tagebücher vollzogen ist, sind die Einlaufstücke ungesäumt an die betreffenden Referenten abzugeben.

Geschah die Abgabe nicht längstens innerhalb 24 Stunden nach dem Einlangen, so hat der Referent bei Vermeidung eigener Verantwortlichkeit für allenfallsige verspätete Erledigung diese Verzögerung jedesmal auf dem Einlaufstücke unterhalb des Präsentatums vorzumerken.

Der Gerichtsvorstand hat dafür Sorge zu tragen, daß in der Zustellung des Einlaufs an die Referenten keine Verzögerung eintrete, und daß insbesondere die Taxirung der hiezu geeigneten Einlaufstücke jedesmal sogleich nach der Abgabe an den Gerichtsschreiber erfolge.

Zweiter Abschnitt.

Von der Erledigung der anfallenden Geschäfte.

§ 10. Der Gerichtsvorstand ist dafür verantwortlich, daß die Geschäfte in allen Dienstesweigen ihren raschen und ununterbrochenen Fortgang nehmen und daß namentlich diejenigen Geschäfte, welche nach ausdrücklicher gesetzlicher Vorschrift oder nach der Natur der Sache als dringliche erscheinen, auch nach Ablauf der Geschäftsstunden und ebenso an Sonn- und Feiertagen ihre sofortige Erledigung finden.

Die Geschäftsstunden, deren pünktliche Einhaltung jedem Beamten und Bediensteten obliegt, werden auf die Zeit von 8—12 Vormittags und 2—6 Nachmittags festgesetzt. Den Vorständen der Stadtgerichte bleibt es überlassen, mit Rücksicht auf besondere örtliche Verhältnisse den Beginn der Nachmittagsstunden, unbeschadet ihrer Dauer, auf eine andere Zeit zu verlegen.

Der Gerichtsvorstand hat von dem Inhalte der Tagebücher fortwährend Kenntniß zu nehmen, die einzelnen Referenten an die Erledigung derjenigen Einläufe, auf welche nicht rechtzeitig verfügt wurde, zu mahnen und, soferne sich ergeben sollte, daß die Nichterledigung in zeitweiliger Geschäftsüberbürdung des betreffenden Referenten ihren Grund hat, sofort die entsprechenden Anordnungen zu treffen.

Es liegt in der Pflicht der sämmtlichen Beamten und Bediensteten eines Gerichts, sich gegenseitig Aushilfe zu leisten, und es ist insbesondere Pflicht des Gerichtsvorstandes, bei wahrgenommener Ueberbürdung der Nebenbeamten an der Lösung der denselben zugewiesenen Geschäftsaufgabe durch Uebernahme eines Theiles der denselben zugetheilten Arbeiten thätigen Antheil zu nehmen.

§ 11. Alle zur Erledigung des Einlaufs oder von Amtswegen getroffenen Verfügungen, Berichte, Beschlüsse u. s. w. — mit Ausnahme der zum Hypothekenprotokolle gefaßten Beschlüsse — sind, wenn sie nicht vom Gerichtsvorstande selbst erlassen würden, vor der Ausfertigung und beziehungsweise dem Auslaufe dem Gerichtsvorstande zur Einsicht vorzulegen, welcher die Vorlage und Einsichtnahme durch Beisetzung seiner Unterschrift zu bestätigen hat. —

Zu diesem Zwecke ist in dem Geschäftszimmer des Gerichtsvorstandes ein besonderes Fach mit der Ueberschrift „Entwürfe zur Einsicht des Vorstandes" bereit zu halten, in welches die betreffenden Entwürfe gelegt werden. Diese Abgabe geschieht in der Regel ohne Beifügung der einschlägigen Akten, welche in der Handregistratur der Referenten zurückbleiben. Wohl aber sind den Entwürfen jedesmal diejenigen Aktenstücke (z. B. die doppelten Ausfertigungen von Parteianträgen) beizufügen, welche mit den Verfügungen selbst hinauslaufen. Die einschlägigen Akten sind nur dann beizulegen, wenn der Gerichtsvorstand dieß in einzelnen Fällen anordnet, oder wenn die Akten selbst zum Auslaufe bestimmt sind.

§ 12. Der Gerichtsvorstand gibt die sämmtlichen von seinen Nebenbeamten entworfenen Verfügungen, Berichte und Beschlüsse u. s. w. nach der Einsichtnahme und Beisetzung seiner Unterschrift und ebenso die von ihm selbst verfaßten sofort an die mit der Führung der Tagebücher betrauten Personen, damit in dem betreffenden Tagebuche die Erledigung, beziehungsweise die erlassene Zwischenverfügung, vorgemerkt, d. h. die entsprechende Einlaufziffer gelöscht werde. Die erfolgte Löschung ist auch auf den Entwürfen beziehungsweise auf den in Urschrift hinauslaufenden Verfügungen selbst und ebenso auf den hypothekenamtlichen Ausfertigungen dadurch vorzumerken, daß der auf jedem solchen Aktenstücke oben links anzubringenden Geschäftsziffer (§ 8 am Ende) ein entsprechendes Zeichen (z. B. V) beigesetzt wird.

Bei dieser Gelegenheit sind auch die von Amtswegen erlassenen und zum Auslaufe bestimmten Verfügungen — welchen der betreffende Referent jedesmal oben links das Zeichen E. O. (ex officio) beizusetzen hat, — in die Tagebücher einzutragen und denselben die entsprechenden Geschäftsziffern beizusetzen.

§ 13. Nach erfolgter Löschung sind alle Verfügungen, welche nicht zum sofortigen Auslaufe bestimmt oder besonders auszufertigen sind, sogleich, diejenigen Entwürfe aber, welche der Ausfertigung bedürfen, nach geschehener Ausfertigung wieder an die betreffenden Referenten zurückzugeben, sogenannter Rücklauf. — Die Referenten haben zu prüfen, ob der Rücklauf gehörig gelöscht und die allenfalls nothwendige Ausfertigung des Entwurfes erfolgt ist, und, wenn kein Anstand in dieser Beziehung obwaltet, diejenigen Aktenstücke, welche zu den in ihren Handregistraturen befindlichen Akten zu nehmen sind, daselbst in gehöriger Ordnung einzulegen, mit fortlaufender Ziffer zu versehen und gleichzeitig die Renner bei den Verlassenschafts- und Pflegschaftsakten zu vervollständigen. — Rückläufe, welche zur Einlegung in die Sammelakten sich eignen, sind zu diesem Zwecke an den Gerichtsschreiber abzugeben; für die gehörige Hinterlegung der zu den Vorstands- und Generalakten gehörigen Aktenstücke aber, sowie für die gleichzeitige Ergänzung der Inhaltsverzeichnisse zu den Generalakten hat der Gerichtsvorstand selbst Sorge zu tragen. —

Die zum sofortigen Auslaufe bestimmten Verfügungen (z. B. Protokolle, die mittels Protokollarbeschlusses an andere Gerichte gesendet, oder Ersuchschreiben, die mittels Randbemerkung beantwortet werden) und die eine Ausfertigung bedingenden Entwürfe sind alsbald zum Auslaufe zu bringen und beziehungsweise auszufertigen. —

§ 14. Die Besorgung des Auslaufs und die Leitung der Kanzleigeschäfte liegt zunächst dem Gerichtsschreiber ob, soferne diese Geschäfte nicht ausnahmsweise vom Gerichtsvorstande einem andern Bediensteten übertragen werden. In beiden Fällen aber bleibt der Gerichtsvorstand selbst für den ungestörten Fortgang dieser Geschäfte und insbesondere dafür verantwortlich, daß — unbeschadet der pünktlichen Einhaltung der in einzelnen Geschäftssparten angeordneten kürzeren Fristen — jede Verfügung, wenn sie in Urschrift hinausgeht, binnen 24 Stunden, die eine Ausfertigung erheischenden Verfügungen aber längstens binnen 3 Tagen nach erfolgter Unterzeichnung durch den Gerichtsvorstand dem Gerichtsboten zur Zustellung an die Empfänger oder zur Aufgabe an die Post übergeben werden.

In Ansehung der Führung der Boten- und Postbücher verbleibt es bei den hierüber bestehenden Vorschriften und Uebungen. Die Gerichtsvorstände haben darüber zu wachen, daß die Aufgabe auf die Post von Seite des Gerichtsboten jedesmal sogleich, die Zustellung an die Empfänger aber längstens binnen drei Tagen nach erfolgter Aushändigung an den Gerichtsboten geschehe. —

3. Abschnitt.

Von der Anlegung und Aufbewahrung der Akten.

§ 15. Es sind zu unterscheiden:

I. die Akten des Gerichtsvorstandes,
II. die Generalakten,
III. die Akten in bürgerlichen Rechtsstreitigkeiten,
IV. die Verlassenschaftsakten,
V. die Pflegschaftsakten,
VI. Sammelakten in Bezug auf verschiedene Gegenstände des landgerichtlichen Wirkungskreises,
VII. die aus Anlaß von Ersuchen und Aufträgen erwachsenden Aktenstücke,
VIII. die Akten des Hypothekenamts,
IX. die Akten des Depositenamts, und
X. die Akten in Uebertretungssachen und Forststrafsachen.

I. Von den Akten des Gerichtsvorstandes.

§ 16. 17. 18.

II. Von den Generalakten.

§ 19. Die Generalakten sollen, nach der Zeitfolge geordnet, entweder den Wortlaut oder doch durch Einlegung von Fehlblättern eine genaue Bezeichnung aller derjenigen allgemeinen Anordnungen enthalten, welche — sei es im Verordnungswege, sei es durch Vorschriften der einschlägigen Staatsministerien oder durch Belehrungen und Weisungen der vorgesetzten Dienstesbehörde — zum Vollzuge der Gesetze oder zur Erzielung eines gleichförmigen Verfahrens in Bezug auf die Behandlung der Geschäfte im Allgemeinen oder einzelner Geschäftssparten erlassen werden.

Auf den Fehlblättern ist die Art und der Betreff des Erlasses, dieser genau nach dem Wortlaute, ferner die betreffende Stelle der gedruckten Sammlung anzugeben, in welcher der Erlaß zur Veröffentlichung gelangte.

Die einzelnen Erlasse und beziehungsweise Fehlblätter sind unten in der Mitte mit einer fortlaufenden Ziffer zu versehen, und es ist jedem Generalakte als erstes Aktenstück ein nach der Zeitfolge der einzelnen Erlasse geordnetes Inhaltsverzeichniß nach der Anlage Formular IV einzuheften.

§ 20. Es erscheint zweckmäßig, wenn namentlich über folgende Gegenstände je ein besonderer Generalakt mit der entsprechenden Ueberschrift gebildet wird, nämlich über: Gesetzesstatistik — Allgemeine Dienstesvorschriften — Vollzug des Notariatsgesetzes — Vollzug des Strafgesetzbuches — Vollzug des Polizeistrafgesetzbuches — Vollzug des Einführungsgesetzes zu den Strafgesetzbüchern — Behandlung der streitigen bürgerlichen Rechtspflege — Hypothekenwesen — Verlassenschaftswesen — Pflegschaftswesen — Depositenwesen — Registraturordnung — Behandlung der Forststrafsachen — Geschäftsbehandlung in Uebertretungssachen (mit allenfallsigen Unterabtheilungen a) Zollstrafsachen, b) Defraudationssachen und c) Ehrenkränkungssachen) — Taxwesen — Rechnerische Behandlung der Kosten in Strafsachen. —

§ 21. Die Gerichtsvorstände haben die vorhandenen Generaliensammlungen, insoweit eine Ausscheidung nach einzelnen Gegenständen nicht bereits stattgefunden hat, nach Maßgabe der im vorhergehenden § gegebenen Anleitung nachträglich auszuscheiden und für die geordnete Fortführung der Generalakten — insbesondere durch jedesmalige Einlegung von Fehlblättern bezüglich derjenigen Erlasse, welche in einem amtlichen Blatte bekannt gegeben werden, — Sorge zu tragen.

Bezieht sich ein Erlaß gleichzeitig auf mehrere Gegenstände, für welche je ein besonderer Generalakt angelegt ist, so ist der Erlaß in beiden Generalakten vorzumerken, beziehungsweise dem einen dem Wortlante nach, dem andern durch Einlegen eines darauf hinweisenden Fehlblattes beizufügen.

Hienach wäre beispielsweise eine Entschließung über die rechnerische Behandlung der Kosten in Uebertretungssachen sowohl in dem Generalakt über „rechnerische Behandlung der Kosten in Strafsachen“ als auch in dem Generalakte „Vorschriften über die Geschäftsbehandlung in Uebertretungssachen“ vorzumerken.

III. Von den Akten in bürgerlichen Rechtsstreitigkeiten.

§ 22. 23. 24.

IV. Von den Verlassenschaftsakten.

§ 25. Jede bei Gericht anfallende Verlassenschaft ist sogleich bei ihrem Anfalle in dem nach der Anlage Formular V anzufertigenden Verzeichnisse einzutragen und durchzuführen. Hiebei sind die auf dem Formular enthaltenen Vorschriften genau zu beachten.

Zu dem Verlassenschaftsverzeichnisse ist ein alphabetisches Namensregister nach der Anlage Formular VI anzulegen, welches bei dem jedesmaligen Eintrage einer Verlassenschaft in das Verzeichniß sofort zu ergänzen ist.

§ 26. Für jede Verlassenschaft ist sogleich bei ihrem Anfalle ein besonderer Akt mit einem Umschlage von grauer Farbe und mit entsprechender Ueberschrift anzulegen. Auf dem Umschlage ist unten links das Geschäftsjahr, in welchem die Verlassenschaft angefallen und die Ziffer, unter welcher sie im Verzeichnisse vorgetragen ist, beizusetzen.

Jedem Verlassenschaftsakt ist als erstes Blatt ein Renner einzufügen, in welcher alle in der Sache gepflogenen Verhandlungen und Einläufe nach der Zeitfolge einzutragen sind.

Die Verhandlungen und Einläufe selbst sind nach der Zeitfolge mit einer auf dem betreffenden Aktenstücke unten in der Mitte anzubringenden [Ziffer] zu bezeichnen und von Zeit zu Zeit zusammenzuheften.

§ 27. Die Akten über unerledigte Verlassenschaften befinden sich, nach dem Anfangsbuchstaben der Namen der Erblasser geordnet, in den Handregistraturen der betreffenden Referenten.

Sobald die Verlassenschaft beendigt ist, hat der Referent sogleich die Hintergelung der Akten in der Repositur anzuordnen.

Diese Hinterlegung geschieht in der Art, daß sämmtliche in einem und demselben Geschäftsjahre angefallenen Verlassenschaften — nach der Reihenfolge der Ziffern des Verlassenschaftsverzeichnisses geordnet — in ein oder mehrere mit der Ueberschrift:

Verlassenschaften. Geschäftsjahr 186./6.
Ziffer 1 —

versehene Fächer verbracht werden.

Hienach bildet das Verlassenschaftsverzeichniß (in welchem die erfolgte Reponirung in der Spalte V unten links vorzumerken ist) zugleich das Repertorium für die reponirten Akten.

V. Von den Pflegschaftsakten.

§ 28. Für jede Pflegschaft (bei Pflegschaften über Minderjährige nicht blos in Fällen der ordentlichen Vormundschaft, sondern auch für jede Spezialkuratel) ist sogleich bei ihrem Anfalle ein besonderer Akt anzulegen *). Hiebei sind die in § 26 Abs. 2 für die Einrichtung der Verlassenschaftsakten gegebenen Vorschriften gleichfalls zu beachten.

Sind bei einer von dem Gerichte zu behandelnden Verlassenschaft Pflegbefohlene betheiligt, so sind die von dem Gerichte in seiner Eigenschaft als Pflegschaftsbehörde gepflogenen Verhandlungen und gefaßten Beschlüsse von den Verlassenschaftsverhandlungen auszuscheiden, und die Ersteren zu den Pflegschafts-Akten zu nehmen. Dagegen erscheint es in Fällen dieser Art in der Regel nicht nothwendig, Abschriften aus den Verlassenschaftsakten zu den Pflegschaftsakten zu fertigen, sondern es genügt, wenn der Verlassenschaftsakt dem betreffenden Pflegschaftsakte adhibirt, und in den von dem Gerichte in seiner Eigenschaft als

---

*) Jedoch nur wenn eine gerichtliche Verhandlung stattfindet; außerdem kann die Geburtsanzeige zu den Sammelakten genommen werden. — S. unten Note zu § 31.

Pflegschaftsbehörde gepflogenen Verhandlungen und gefaßten Beschlüssen auf die einschlägigen Verlassenschaftsverhandlungen, unter genauer Bezeichnung derselben, lediglich Bezug genommen wird. *)

§ 29 **). Jede Pflegschaft ist sogleich bei ihrem Anfalle den bestehenden Vorschriften gemäß in das Grundbuch ***) einzutragen und, soferne sie wegen Minderjährigkeit bestellt wurde, gleichzeitig auch in dem Reproduktionsverzeichnisse (behufs rechtzeitiger Entlassung des Pfleglings aus der Pflegschaft) vorzumerken.

Die Vormerkungsbögen über den Stand der Pflegschaften sind ebenfalls sogleich bei dem Anfalle derselben anzufertigen, in die betreffenden Pflegschaftsakten vorne einzulegen und, so oft sich Veranlassung dazu ergibt, sofort durch die geeigneten Einträge zu ergänzen.

§ 30 †). Die Akten über unerledigte Pflegschaften sind nach dem Anfangsbuchstaben der Pflegbefohlenen geordnet, in den Handregistraturen der Referenten zu verwahren.

Die Akten über erledigte Pflegschaften sind jedesmal sogleich nach der Erledigung zur Hinterlegung in der Repositur abzugeben, welche in der bisher üblichen Weise zu geschehen hat.

VI. Von den Sammelakten.

§ 31. Für einzelne Arten von Aktenstücken, insbesondere ††) für:

1) Todesanzeigen, welche zur Einleitung einer gerichtlichen Verhandlung keinen Anlaß geben und daher lediglich zu den Akten zu nehmen sind;
2) Verhandlungen über Einkindschafts- und sonstige Verträge, welche einer gerichtlichen Prüfung, Bestätigung oder Beschlußfassung bedürfen, soferne nicht für die bei den Verträgen betheiligten Personen eine Pflegschaft bestellt wurde, in welchem Falle diese Verhandlungen zu den betreffenden Pflegschaftsakten zu nehmen sind;
3) Gesuche um Zulassung zum Armenrechte und Beigebung von Offizialanwälten behufs der Klagerhebung;
4) Zeugenvernehmungen zum ewigen Gedächtnisse in Streitsachen, welche noch nicht bei Gericht anhängig sind;
5) Aufkündungen von Hypothekenkapitalien sammt den Entwürfen der hierauf erlassenen Verfügungen und den Nachweisen über die Zustellung der Letzteren; endlich
6) Verhandlungen, welche in Gemäßheit des Art. 13 des Gesetzes vom 18. No-

---

*) S. Ziff. 14. III.

**) Die Bestimmungen dieses § sind ersetzt durch J.-M.-E. v. 28. Juli 1864. Ister Nachtrag. I. (S. unten Ziff. 11.)

***) Wo ein solches besteht, außerdem nun in das Registraturverzeichniß s. Z. 11. Nachtrag I.

†) Die Bestimmungen dieses § sind abgeändert durch J.-M.-E. v. 28. Juli 1864. I. Nachtrag II. (S. unten Ziff. 11.)

††) Diese Aufzählung ist nur eine beispielsweise. Es können daher auch Sammelakten für Geburtsanzeigen angelegt werden, wenn die betr. unehl. Pfleglinge vor Bestellung einer Pflegschaft gestorben oder legitimirt worden sind.

vember 1861, die Gerichtsverfassung betr. gepflogen werden (Akten des Vermittlungsamts),

sind Sammelakten zu bilden, und zwar für jede Art ein besonderer Akt.

§ 32. Sobald ein Geschäft der im vorhergehenden § bezeichneten Art erledigt ist, sind die betreffenden Aktenstücke (und zwar die zu einer und derselben Sache gehörigen zusammengeheftet) nach der Zeitfolge geordnet und mit fortlaufenden Ziffern versehen in einem Umschlage mit entsprechender Ueberschrift aufzubewahren.

Zu jedem solchen Akte ist ein Inhaltsverzeichniß nach den Anfangsbuchstaben der Namen der betreffenden Personen (in den Fällen zu 1) der Erblasser, in den Fällen zu 2) der bei den Verträgen betheiligten Personen, in den Fällen zu 3) bis 6) der Beklagten) anzulegen und bei jedem neuen Zugange sofort zu ergänzen.

Wird in der Folge die Streitsache, bezüglich deren um Zulassung zum Armenrechte gebeten oder die Zeugenvernehmung zum ewigen Gedächtnisse gepflogen wurde, bei Gericht anhängig, oder die durch die Kapitalskündung vorbereitete Klage wirklich angestellt, so sind die hieher bezüglichen Verhandlungen, gegen Hinterlegung eines Fehlblattes, aus den Sammelakten herauszunehmen und in die nunmehr zu bildenden besonderen Streitakten einzufügen.

VII. Von den aus Anlaß von Ersuchen und Aufträgen erwachsenden Aktenstücken.

§ 33. Jeder Referent hat die ihm zugetheilten Ersuchen und Aufträge nebst allen hierauf bezüglichen Aktenstücken bis zur vollständigen Erledigung des Ersuchens oder Auftrags in seiner Handregistratur in einem besonderen Gesammt-Umschlage oder Fache mit der entsprechenden Ueberschrift aufzubewahren.

§ 34. Bei der Erledigung von Ersuchen und Aufträgen ist das Ersuchschreiben oder die den Auftrag enthaltende Entschließung in der Regel an die ersuchende oder beauftragende Behörde zurückzuleiten und zwar thunlichst mittels Protokollarbeschlusses oder mittels einfacher Randbemerkung, so daß keine hierauf bezüglichen Aktenstücke zurückbleiben. Ausnahmen haben nur dann einzutreten, wenn besondere Veranlassung dazu gegeben ist, daß die das Ersuchen oder den Auftrag erledigende Verfügung vorerst entworfen und der Entwurf zurückbehalten werde, z. B. wenn wegen Uebersendung von Werthgegenständen an das ersuchende Gericht um Empfangsbestätigung gebeten ist, in welchem Falle es zweckmäßig erscheint, daß der Entwurf des Uebersendungsschreibens so lange von dem Referenten in seiner Handregistratur zurückbehalten werde, bis die Empfangsbestätigung eingetroffen ist.

Alle derartigen aus Anlaß von Ersuchen oder Aufträgen zurückbleibenden Aktenstücke sind als Beilagen zu dem für das betreffende Geschäftsjahr geführten Tagebuche für Ersuchen und Aufträge, nach den Ziffern dieses Tagebuches geordnet, in einem Umschlage mit der entsprechenden Ueberschrift zu sammeln.

§ 35. Hinsichtlich der Anlegung und Aufbewahrung der Akten des Hypothekenamtes, der Akten des Depositenamtes und der Akten in Uebertretungs- und Forststrafsachen verbleibt es bei den hierüber bestehenden Bestimmungen.

Von der äußern Beschaffenheit der Akten.

§ 36. Da es die Auffindung der Akten und deren Ausscheidung wesentlich erleichtert, wenn dieselben nicht nur gehörig überschrieben, sondern auch, je nachdem sie für die verschiedenen Geschäftszweige angelegt sind, schon durch die Farbe der Umschläge in augenfälliger Weise sich von einander unterscheiden, so hat das k. Staatsministerium der Justiz eine Anzahl von Umschlägen, welche bei der künftigen Anlegung von Akten als Muster dienen sollen, anfertigen lassen und Vorsorge getroffen, daß jedes Gericht eine entsprechende Anzahl derselben für den ersten Bedarf erhalte.

Auf den den einzelnen Umschlägen angehefteten farbigen Zetteln ist, gleichwie auf den Umschlägen selbst, der Betreff mit deutlicher Schrift beizusetzen, und der Zettel selbst, wenn der betreffende Akt in dem Aktengestelle hinterlegt ist, hervorragen zu lassen, damit hiedurch das Nachsuchen erleichtert werde.

Bei der Anlegung von Akten ist darauf Bedacht zu nehmen, daß die einzelnen Aktenbände keinen allzugroßen Umfang gewinnen.

Es ist deßhalb jedesmal, so oft ein Aktenband die Zahl von beiläufig 300 Blättern erreicht hat, ein neuer Band anzulegen.

Aktenversendung und Adhibirung.

§ 37 *). Wenn ein in der laufenden Registratur befindlicher Akt versendet oder zu einem andern Akte adhibirt wird, und ebenso, wenn ein bereits reponirter Akt aus der Repositur zeitweilig wieder herausgenommen wird, so ist an die Stelle des Aktes in dem betreffenden Aktengestelle oder Sammelakte jedesmal der allenfalls zurückgebliebene Entwurf des Versendungsschreibens oder ein Fehlblatt einzulegen.

Auf das Fehlblatt ist der Tag der Absendung oder Adhibirung des Aktes unter Beifügung der betreffenden Ziffer des Tagebuches anzugeben.

Beispielsweise:

Fehlblatt
für den Akt
die Verlassenschaft des G. Kuler zu München betr. „am 3./X./63 versendet an das k. Landgericht Prien K. 184."
oder
„adhibirt am 6./XII./63 zur Pflegschaft über Adam Mohr aus München A 1047."

Offizialbetrieb.

§ 38. Hinsichtlich derjenigen Gegenstände, welche von Amtswegen zu betreiben sind, haben sich die betreffenden Referenten in ihren Terminskalendern die geeigneten Vormerkungen zu machen. Ebendaselbst sind auch, jedesmal sogleich beim Beginne des Kalenderjahres, die entsprechenden Vormerkungen behufs der rechtzeitigen Erledigung derjenigen im Laufe des Jahres anfallenden Geschäfte einzutragen, welche (wie z. B. die Vorlage der Geschäftsausweise, Qualifikationen

---

*) S. die Vorschriften über die Führung des Registraturverzeichnisses No. 4 Anlage I zum Nachtrag der G.- u. R.-O. Ziff. 11. — S. Z. 14. III.

u. dgl.) regelmäßig nach Ablauf von bestimmten Zeitabschnitten vorzunehmen sind. *)

Vierter Abschnitt.

Schlußbestimmungen.

§ 39. Die vorstehenden Anordnungen haben mit dem 1. Oktober l. Js. in Wirksamkeit zu treten.

Insoweit durch dieselben nicht etwas Anderes ausdrücklich verordnet ist, hat es bei den bisherigen Vorschriften und Uebungen in Bezug auf Geschäftsbehandlung und Registraturwesen sein Verbleiben; insbesondere wird dadurch an den bestehenden Vorschriften in Uebertretungssachen und Forststrafsachen nichts geändert.

Den Vorständen derjenigen Stadtgerichte, welche mit mehr als drei Richtern besetzt sind, bleibt es überlassen, einzelne im Hinblicke auf die besonderen Verhältnisse des betreffenden Stadtgerichts allenfalls als zweckmäßig erscheinende Abänderungen der vorstehenden Bestimmungen eintreten zu lassen. Die Vorschriften über die Führung der Tagebücher und des Verlassenschaftsverzeichnisses sind jedoch auch bei diesen Gerichten pünktlich zu beachten.

§ 40. Bei der Visitation der Stadt- und Landgerichte ist auf den genauen Vollzug der Geschäfts- und Registratur-Ordnung besonderes Augenmerk zu richten. **)

Ebenso haben auch die Bezirksgerichte den Vollzug dieser Anordnungen sorgfältig zu überwachen.

10.

Justizministerial-Entschließung vom 12. Mai 1864. (J.-M.-Bl. 1864. S. 132.)

Visitation der Stadt- und Landgerichte betr. ***)

Im Nachgange zu der Bekanntmachung vom 20. Februar 1863, die Visitation 2c. betr. †) wird angeordnet was folgt:

I. Die nach § 9 Abs. 1 dieser Bekanntmachung zu errichtenden Visitations-Vormerkungen sind so einzurichten, daß die Wahrnehmungen

1. 2. 2c. 2c.,

3. bezüglich des Pflegschaftswesens,

4. 2c.,

je auf besonderen Bögen oder Blättern niedergeschrieben werden, so daß die auf die bezeichneten Sparten bezüglichen Vormerkungen leicht von den übrigen ausgehoben werden können.

II. Die Vormerkungen selbst sind auf kurze Aufzeichnung des thatsächlich Wahrgenommenen zu beschränken. Die Einstreuung von Erörterungen über die Gründe, welche zur Beanstandung eines wahrgenommenen Zustandes oder Ver-

---

*) S. Ziff. 14. IV.
**) S. Z. 7. 8.
***) S. Z. 7. 13. Vergl. Z. 51.
†) S. Z. 7. 42.

fahrens Anlaß geben, ist zu unterlassen. Solche Erörterungen sind vielmehr den an die Bezirksgerichte zu erstattenden Anzeigen beziehungsweise den Berichten an die vorgesetzte Stelle vorzubehalten.

III. Wenn in Folge einer gepflogenen Visitation die Erholung einer das visitirte Gericht speziell betreffenden Entschließung des unterfertigten k. Staatsministeriums z. B. ꝛc. ꝛc. veranlaßt erscheint, so sind die hierauf bezüglichen Anträge jedesmal in gesonderten Berichten, ꝛc. ꝛc. zu stellen, ꝛc. ꝛc.

11.

Justizministerial-Entschließung vom 28. Juli 1864. (J.-M.-Bl. II. S. 181. ff.)

Die Geschäfts- und Registraturordnung, dann die Geschäftsausweise und Geschäfts-Uebersichten der Stadt- und Landgerichte betr.

In nachstehendem Abdrucke werden

1) der unterm Heutigen erlassene Nachtrag zur Geschäfts- und Registratur-Ordnung vom 20. September 1863 *), ferner
2) die Vorschriften vom Heutigen über die Geschäftsausweise und Geschäfts-Uebersichten der Stadt- und Landgerichte

zur pünktlichen Nachachtung bekannt gegeben.

Der erste Bedarf der in Folge dieser Anordnungen benöthigten Formulare wird den sämmtlichen Stadt- und Landgerichten noch vor dem Ablaufe des gegenwärtigen Geschäftsjahres durch das geheime Expeditionsamt des unterfertigten k. Staatsministeriums der Justiz kostenfrei zugesendet werden.

Der weitere Bedarf ist aus den den Gerichten bewilligten Regiemitteln zu bestreiten, und von den Oberstaatsanwälten behufs der Anschaffung dieses Bedarfs nach den Anordnungen in Absatz 4 der Entschließung vom 23. November 1863 (Justizministerialblatt S. 211) das Weitere einzuleiten.

Hiebei wird zugleich in Bezug auf die Fertigung und Vorlage der Geschäftsausweise in Verlassenschafts- und Pflegschaftssachen in vorübergehender Weise angeordnet, was folgt:

I. In Bezug auf Verlasssenschaften.

etc. etc. etc.

II. In Bezug auf Pflegschaften.

1. Die erstmalige Vorlage der Geschäftsausweise im Pflegschaftswesen hat die drei Geschäftsjahre 1861/62, 1862/63 und 1863/64 zu umfassen. Das im heurigen Jahre den Staatsanwälten vorzulegende Current-Verzeichniß ist daher auf sämmtliche während dieser drei Jahre current gewesene Pflegschaftssachen auszudehnen, und es ist die Herstellung dieses Verzeichnisses behufs Einhaltung des Einsendungstermines möglist bald in Angriff zu nehmen. Dagegen wird die Vorlage der Vormerkungsbögen über den Stand derjenigen Pfleg-

---

*) S. Z. 9.

schaften, welche erst während dieser drei Jahre anfielen und noch vor dem 1. Oktober 1864 ihre Erledigung fanden, nachgesehen. Die letzterwähnteu Pflegschaften sind im Currentverzeichnisse nach § 6 der Vorschriften über die Geschäftsausweise und Geschäftsübersichten der Stadt- und Landgerichte zu behandeln.

2. Die nach der Entschließung vom 31. Juli 1860 (Zeitschrift f. Gesetzgbg. u. Rechtspfl. Bd. VII S. 297) angefertigten allgemeinen Verzeichnisse der Pflegschaften *) sind bis zum 30. September l. Js. incl. durch Nachtragung der neu. angefallenen und Streichung der erledigten Pflegschaften fortzuführen. Die Einträge der Tabellennummern in den Columnen III und IV haben für die Zukunft zu unterbleiben.

In gleicher Weise sind auch die bereits bestehenden Reproduktions-Verzeichnisse über die Termine der Großjährigkeit minderjähriger Pfleglinge bei denjenigen Gerichten, wo solche den bisherigen Vorschriften entsprechend geführt sind, bis zum 30. September l. Js. incl. durch Nachtragung neu angefallener und Streichung erledigter Pflegschaften, vom 1. Oktober l. Js. anfangend aber nur mehr durch Streichung der erledigten Pflegschaften fortzuführen. Da wo hingegen solche Verzeichnisse fehlen oder sich als unbrauchbar erweisen, sind die nach No. I Ziffer 2 des Nachtrages zur Geschäfts- und Registraturordnung vom 1. Oktober l. Js. an bei allen Stadt- und Landgerichten herzustellenden Verzeichnisse über sämmtliche Pfleglinge in der Art anzufertigen, daß in dieselben sofort alle bei dem betreffenden Gerichte unter Pflegschaft gestellten und noch nicht in Abgang gekommenen Personen eingetragen werden, gleichviel, ob die Pflegschaft über sie vor oder nach dem 1. Oktober l. Js. angefallen ist.

3. Von den k. Appellationsgerichten werden an die Oberstaatsanwälte

a) sämmtliche noch vorhandene Geschäftstabellen der vormaligen Untergerichte im Betreffe des Pflegschaftswesens,
b) die über die Revision dieser Tabellen erwachsenen Akten,
c) die hierauf bezüglichen appellationsgerichtlichen Generalakten,
d) die appellationsgerichtlichen Vormerkungsbücher über die Beendigung der wegen Minderjährigkeit bestellten Pflegschaften abgegeben werden.

Unmittelbar nach dem Empfang der Geschäftstabellen, dann der über die Revision derselben erlaufenen Akten, hat in jedem Kreise der Oberstaatsanwalt dieselben unter die Staatsanwälte an den Bezirksgerichten in der Art zu vertheilen, daß jeder Staatsanwalt die Tabellen und Revisionsakten bezüglich jener Untergerichte erhält, aus deren Sprengeln die zu seinem Amtsbezirke gehörigen Stadt- und Landgerichte gebildet wurden.

Was diejenigen Untergerichte betrifft, welche am 1. Juli 1862 gänzlich aufgelöst oder von deren Sprengeln einzelne Gemeinden abgetrennt und einem andern Bezirksgerichtssprengel einverleibt wurden, so sind die auf ein solches Gericht bezüglichen Tabellen und Revisionsakten demjenigen Staatsanwalte zu übersenden, zu dessen Amtsbezirke die meisten von den in diesen Tabellen vorkommenden und noch anhängigen Gegenständen gehören.

Auf gleiche Weise ist auch das appellationsgerichtliche Vormerkungsbuch zu vertheilen, insoweit dasselbe nach den vormaligen Untergerichten ausgeschieden

*) S. oben Ziff. 5. I.

geheftet ist. Insoweit es allenfalls bei dem einen oder anderen Appellations-Gerichte für mehrere Untergerichte zusammengeheftet sein sollte, wird die Ausscheidung durch Zertheilung und Umheftung nach der Art, wie dasselbe der allerhöchsten Entschließung vom 20. Juni 1815 gemäß zu führen war, keinem Anstande unterliegen.

Die appellationsgerichtlichen Generalakten endlich haben die Oberstaatsanwälte zum eigenen dienstlichen Gebrauche bei Ueberwachung der bezirksgerichtlichen Staatsanwälte in der Beaufsichtigung der Stadt- und Landgerichte zurückzubehalten.

4. Die Staatsanwälte an den Bezirksgerichten haben bei Durchgehung der gerichtlichen Geschäftsausweise bezüglich derjenigen Pflegschaften, welche bereits vor dem 1. Oktober 1861 anfielen, die hierauf bezüglichen Bemerkungen in den appellationsgerichtlichen Revisionsentschließungen der letzten Jahre, und soferne die Vormerkungsbögen bei diesen Pflegschaften die zur Prüfung des Standes der Sache erforderlichen älteren Einträge nicht vollständig enthalten, auch die betreffenden Einträge in den früheren Tabellen, und zur Controle über die Vollständigkeit der Geschäftsausweise die Einträge über die unerledigten Zugänge und Abgänge in den Tabellen für 1860 61 überhaupt zu vergleichen.

Das appellationsgerichtliche Vormerkungsbuch über die Beendigung der wegen Minderjährigkeit bestellten Pflegschaften ist von den Staatsanwälten durch Streichung der darin vorgetragenen Pfleglinge nach dem jedesmaligen Abgange derselben fortzuführen. Die Fortführung durch neue Einträge wird denselben erlassen, dafür aber gewärtigt, daß sie bei den Visitationen der Stadt- und Landgerichte jedesmal die Richtigkeit und Vollständigkeit der Einträge in den Verzeichnissen über sämmtliche Pfleglinge (Anlage II zum Nachtrage für die Geschäfts- und Registraturordnung vom Heutigen) zum Zwecke rechtzeitiger Entlassung derselben genau überwachen werden.

I. Nachtrag

zur Geschäfts- und Registraturordnung für die Stadt- und Landgerichte in den Landestheilen d. d. Rh.

(Justiz-Min.-Bl. 1863. S. 106.)

Ueber die Behandlung der Registratur in Pflegschaftssachen wird — unter theilweiser Abänderung uud Ergänzung der Bestimmungen in §§ 29 und 30 der Geschäfts- und Registraturordnung für die Stadt- und Landgerichte in den Landestheilen diesseits des Rheins vom 20. September d. Js. — angeordnet was folgt:

I. An die Stelle des § 29 *) treten nachstehende Vorschriften:

Vom 1. Oktober 1864 anfangend sind bei den Stadt- nnd Landgerichten in Bezug auf das Pflegschaftswesen zu führen:

1) ein „Registratur-Verzeichniß“ über die im Laufe des Geschäftsjahres angefallenen Pflegschaften **) nach dem Formular der Anlage I mit einem alphabetischen Namen-Register;

---

*) S. Z. 9.
**) S. Z. 3. 5.

2) ein „Verzeichniß über sämmtliche Pfleglinge" *) nach dem Formular der Anlage II, und
3) ein Verzeichniß über die während des Geschäftsjahres current gewesenen Pflegschaften (sogenanntes „Currentverzeichniß") **) nach dem Formular der Anlage III.

Bei der Anfertigung und Führung dieser Verzeichnisse sind die auf den Formularen selbst enthaltenen Vorschriften genau zu beachten.

Der Eintrag in das Registratur-Verzeichniß, sowie in das Namenregister hiezu, ferner in das Verzeichniß für sämmtliche Pfleglinge hat jedesmal sogleich bei dem Anfalle der Pflegschaft zu geschehen, und es ist das Geschäftsjahr sowie die Ziffer, unter welcher die Pflegschaft im Registratur-Verzeichnisse eingetragen wurde, auf dem Aktenumschlage unten links vorzumerken.

Zu den Vormerkungsbögen über den Stand der Pflegschaften — welche auch künftig von dem betreffenden Referenten sogleich bei dem Anfalle der Pflegschaft anzulegen, in die Akten vorne einzufügen und stets evident zu halten sind — ist fortan das Formular der Anlage IV, unter Beachtung der auf dem Formulare enthaltenen Vorschriften in Anwendung zu bringen. ***)

II. Der § 30 †) wird ersetzt durch folgende Bestimmungen:

Die Akten über unerledigte Pflegschaften befinden sich, nach den Anfangsbuchstaben der Zunamen der Pfleglinge geordnet, in den Handregistraturen der betreffenden Referenten.

Sobald eine Pflegschaftssache in Bezug auf alle dabei betheiligte Pfleglinge erledigt ist, hat der Referent sogleich die Hinterlegung der Akten in der Repositur anzuordnen.

Diese Hinterlegung geschieht:

a) bezüglich der Akten über Pflegschaften, welche vor dem 1. Oktober 1864 angefallen sind, in der bisher üblichen Weise, dagegen
b) bezüglich der Akten über Pflegschaften, welche nach dem 1. Oktober 1864 anfallen, in der Art, daß die Akten über sämmtliche in einem und demselben Geschäftsjahre angefallene Pflegschaften — nach der Reihenfolge der Ziffern des Registratur-Verzeichnisses geordnet — in ein oder mehrere mit Ueberschrift:

Pflegschaften, Geschäftsjahr 186./6.
Ziffer 1— . .

versehene Fächer verbracht werden.

Für die reponirten Akten über die Pflegschaften aus diesem letzten Zeitraume bildet daher das Registratur-Verzeichniß zugleich das Repertorium.

Bei jenen Gerichten, bei welchen eine größere Anzahl von Pflegschaften anhängig ist, können indeß die Akten über solche neuangefallene oder rekurrent gewordene Pflegschaften, in welchen die gerichtliche Thätigkeit vorläufig zum

---

*) S. Z. 9. § 29.

**) Vgl. unten No. II „Vorschriften über die Geschäftsausweise 2c. 2c." B. § 5. ff. — Vgl. die J.-M.-E. unter Ziff. 12.

***) Vgl. unten II „Vorschr. über die Geschäftsausweise 2c. 2c. B. § 6 ff. u. vgl. die J.-M.-E. unten Ziff. 12 u. 4. Vgl. Ziff. 4.

†) S. Z. 9.

Abschluß gekommen ist, auch dann, wenn sie noch nicht vollständig erledigt sind, zur einstweiligen Hinterlegung in die Repositur abgegeben werden.

Anlage I.

Registraturverzeichniß für Pflegschaften.

Geschäftsjahr 186 / .

Fortl. Ziffer der Sache.	Der Pflegbefohlenen oder deren Eltern Zu- und Vorname, Stand und Wohnort.	Zahl der Pfleglinge.	Zeit		Bemerkungen, insbesondere Vormerkung darüber, wo sich die Akten befinden.
			des Anfalls. Tag, Monat.	der Erledigung. Tag, Monat, Jahr.	
I.	II.	III.	IV.	V.	VI.

Vorschriften über die Führung des Verzeichnisses.

1) Jedes Geschäftsjahr beginnt in der Spalte I mit einer neuen, das ganze Geschäftsjahr hindurch fortlaufenden Ziffer.

2) Der Eintrag in der Spalte II hat sich, wenn bei einer Pflegschaftssache mehrere Pfleglinge betheiligt sind, wie dieß z. B. bei mehreren Kindern aus derselben Ehe der Fall sein wird, lediglich auf die Angabe der persönlichen Verhältnisse der Eltern (beispielsweise auf den Vortrag „Müller Martin, Schlossermeisterskinder aus Freising") zu beschränken, die Zahl der betheiligten Pfleglinge aber ist in der Spalte III anzuführen.

3) In den Spalten IV und V ist die Zeit des Anfalls und der Erledigung anzugeben.

Als angefallen ist eine Pflegschaft zu betrachten, sobald dem Gerichte die Veranlassung zur Bestellung der Pflegschaft bekannt geworden ist. —

Als erledigt ist die Pflegschaft dann anzunehmen, wenn das Gericht die Aufgabe seiner kuratelamtlichen Thätigkeit in derselben vollständig gelöst hat. Sind bei derselben Pflegschaftssache mehrere Pfleglinge betheiligt, so ist in dem Registraturverzeichnisse die Pflegschaftssache erst dann als erledigt vorzutragen, wenn dieselbe in Bezug auf sämmtliche dabei betheiligte Pfleglinge vollständig erledigt wurde.

4) Wenn der Pflegschaftsakt versendet oder zu einem andern Akte adhibirt wird, so ist dieß unter Hinweisung auf die betreffende Geschäftsziffer in der Spalte VI vorzumerken beispielsweise mit den Worten: „am 4/II/65 an's Landgericht Laufen R 320." Nach Rückgabe des Akts ist diese Bemerkung wieder zu löschen.

Der Tag der erfolgten Reponirung wird in der Spalte VI gleichfalls mit Tinte vorgemerkt.*)

*) Vgl. § 37 der Gesch.- u. R.-O. (Ziff. 9.)

5) Am Schlusse des Geschäftsjahres*) ist das Verzeichniß unter wörtlicher Beisetzung der Zahl der angefallenen Pflegschaftssachen abzuschließen und von dem Gerichtsvorstande sowie den mit dem Pflegschaftswesen betrauten Beamten zu unterzeichnen.

6) Das Namenregister zum Registraturverzeichnisse, welches in gleicher Form wie jenes zum Verlassenschafts-Verzeichnisse (Anlage VI zur Registratur-Ordnung zu führen ist, wird zweckmäßig nicht für jeden Jahrgang besonders, sondern für mehrere Jahrgänge angelegt.

Anlage II.

Verzeichniß sämmtlicher Pfleglinge.

Januar

Zu- und Vornamen der Pfleglinge.	Registratur-Verzeichniß.	
	Jahr.	Ziffer.

Februar 18 . .

Zu- und Vorname der Pfleglinge.	Registratur-Verzeichniß.	
	Jahr.	Ziffer.

Vorschriften über die Führung des Verzeichnisses.

1) Das Verzeichniß ist in zwei Abtheilungen zu führen. In der ersten Abtheilung sind die wegen Minderjährigkeit, in der zweiten Abtheilung aber die aus anderen Gründen unter Pflegschaft gestellten Personen vorzutragen.

2) Der Eintrag in das Verzeichniß erfolgt sogleich bei dem Anfalle der Pflegschaftssache in Bezug auf sämmtliche dabei betheiligte Pfleglinge.

3) Die wegen Minderjährigkeit unter Pflegschaft stehenden Personen sind in der ersten Abtheilung in dem Monate, in welchem sie die Großjährigkeit erlangen, ohne Rücksicht auf den betreffenden Monatstag, lediglich nach der Reihenfolge einzutragen, in welcher die einzelnen Pflegschaften anfallen. In der zweiten Abtheilung sind die a) wegen Abwesenheit, b) wegen Geisteskrankheit, Körperschwäche u. dgl., c) wegen Verschwendung unter Pflegschaft gestellter Personen je auf besonderen Blättern nach der Reihenfolge des Anfalls der betreffenden Pflegschaften vorzutragen.

4) Das Verzeichniß ist stets evident zu halten Wenn daher die Pflegschaft über einen einzelnen Pflegling erledigt (nicht bloß beendigt) ist, so ist der Name des Pfleglings quer zu durchstreichen und neben am Rande das Geschäftsjahr, in welchem die Erledigung erfolgte, beizusetzen.

5) In der mit „Registratur-Verzeichniß“ überschriebenen Spalte ist bei jenen Pfleglingen, bezüglich deren die Pflegschaft vor dem 1. Oktober 1864 angefallen ist, das bisher übliche Registraturzeichen anzuführen.

6) Die Führung und Evidenthaltung des Verzeichnisses obliegt, soferne der mit dem Pflegschaftswesen betraute Beamte nicht vorziehen sollte, dasselbe eingenhändig zu führen, dem Gerichtsschreiber oder einem von dem Gerichts-

*) Also am 31. Dezember s. Z. 16.

vorstande hiefür bestimmten Rechtspraktikanten oder Tagschreiber. Der Pflegschaftsbeamte ist jedoch dafür verantwortlich, daß die Einträge und Löschungen in dem Verzeichnisse jedesmal rechtzeitig erfolgen.

Anlage III.

Verzeichniß

der bei dem k. . . . . gerichte . . . im Geschäftsjahre 186 / . current gewesenen Pflegschaften. *)

I.	II. **)		III.
Der Pfleglinge oder deren Eltern Name, Stand und Wohnort.	Ziffer in der Reihenfolge		Bemerkungen.
	der Zugänge.	der Abgänge.	

Vorschriften über die Anfertigung des Currentverzeichnisses.

1) In dem Currentverzeichnisse sind alle Pflegschaften, welche im Laufe des Geschäftsjahres current waren — d. h. in welchen während des Jahres Einläufe oder Verhandlungen stattfanden — in alphabetischer Reihenfolge vorzutragen.

2) Das Currentverzeichniß ist am Schlusse des Geschäftsjahres unter Ausfüllung der Spalte I von der Registratur anzufertigen.

Die Herstellung dieser Verzeichnisse erfolgt bei denjenigen Gerichten von größerem Geschäftsumfange, bei welchen Bureaumanualien geführt werden, auf Grund dieser Manualien; bei den übrigen Gerichten aber auf Grund der allgemeinen Tagebücher, welche zu diesem Zwecke von der Registratur sorgfältig zu durchgehen sind.

3) In der Spalte I hat der Eintrag gerade so zu lauten wie in der Spalte II des Registratur-Verzeichnisses. ***)

4) Die Spalte II ist von dem betreffenden Pflegschaftsbeamten dann auszufüllen, wenn die nach den Vorschriften vom Heutigen als Geschäftsausweise einzusendenden Vormerkungsbögen †) nach Zugängen und Abgängen ausgeschieden und ziffermäßig geordnet sind. Die Ziffer, unter welcher der betreffende Vormerkungsbogen unter den Zugängen oder Abgängen eingereiht ist, wird sodann in der Spalte II angeführt. ††)

5) Die Spalte III ist für den Staatsanwalt behufs der Einzeichnung allenfallsiger Notizen leer zu lassen.

6) Sind bei einem Gerichte mehrere Richter mit Pflegschaftssachen betraut, so ist das Verzeichniß für jeden Richter gesondert anzufertigen und auf der

*) Ueber die Abänderungen dieses Verzeichnisses s. Z. 12.
**) In diese Spalte ist künftig nur mehr das Registraturzeichen einzusetzen s. Z. 12. Nr. 5.
***) S. oben Anlage I.
†) S. das folgende Formular, Anlage IV.
††) Diese Vorschriften sind nun aufgehoben s. Z. 12, No. 4—5.

Titelseite hierauf hinzuweisen, beispielsweise mit den Worten: „Verzeichniß No. I, Pflegschaftsbeamter: Stadtgerichtsassessor X.“

7) Das Verzeichniß ist nach geschehener Anfertigung insbesondere zur Prüfung seiner Vollständigkeit bezüglich der neu angefallenen Pflegschaften mit dem Registratur=Verzeichnisse, bezüglich der in Abgang gekommenen mit dem Verzeichnisse über sämmtliche Pfleglinge genau zu vergleichen und am Schlusse von dem nach Ziffer 2 mit der Herstellung betrauten Beamten oder Bediensteten, welcher für die Vollständigkeit und Richtigkeit des Verzeichnisses verantwortlich ist, zu unterzeichnen.

Anlage IV.

Kngl. . . . . . gericht

Registratur-Verzeichniß.
Jahr:
Ziffer:

Vormerkung
betreffend die Pflegschaft
über

Der Pfleglinge **Name, Stand und Wohnort** (beziehungsweise Name, Stand und Wohnort der Eltern.)	Geburtstag.		
	Tag.	Monat.	Jahr.

Zugang { Jahr: Ziffer: *)

Abgang { Jahr: Ziffer:

(Bemerkung. Diese Tabelle wurde nur hier auf eine Seite zusammengezogen, im Originale bildet Rubrik I u. II die zweite, III u. IV die dritte Seite.)

Der Pflegschaft		Betrag und Sicherstellung des Vermögens.	Rechnungsstellung.		Bemerkungen.
Anfall: Tag. Monat. Jahr.	Bestellung: Tag. Monat: Jahr.		Termine.	Einschlägige Ziffer der Akten.	
I.		II.	III.		IV.

*) Diese Bemerkungen bleiben nun weg s. S. 12.

Vorschriften über die Anlegung und Führung des Vormerkungsbogens. *)

1) Der Vormerkungsbogen hat den Zweck, vor allem dem mit der betreffenden Pflegschaft betrauten Beamten selbst, sodann aber auch den vorgesetzten Gerichten und den zur Mitwirkung bei Beaufsichtigung des Pflegschaftswesens berufenen Staatsanwälten einen schnellen Ueberblick über den jeweiligen Stand der Pflegschaft zu gewähren und den Letzteren die Erfüllung ihrer Obliegenheiten nach § 18 der Bekanntmachung vom 20. Februar 1863 (Regiergsbl. S. 121 **) zu erleichtern.

Die Vormerkungsbögen haben daher im Wesentlichen dieselben Vorträge zu enthalten, wie sie bisher für die Herstellung der Rechenschaftstabellen im Pflegschaftswesen vorgeschrieben waren. ***)

Bezüglich derjenigen Pflegschaften, welche im nemlichen Geschäftsjahre, in welchem sie anfielen, erledigt wurden, genügt auch fernerhin der Eintrag jener Vormerkungen, welche zur Anfertigung der besonderen Uebersichten über die Geschäfte der nichtstreitigen Rechtspflege erforderlich sind.

Ebenso bleiben auch die bisherigen Bestimmungen über die Fassung der Einträge, das hiebei einzuhaltende Verfahren und die Verantwortlichkeit für die gehörige Anfertigung, insoweit nicht durch die gegenwärtigen Vorschriften etwas Anderes angeordnet ist, in Geltung.

2) Das in den gegenwärtigen Vorschriften angeordnete Formular unterscheidet sich von den früher zu fertigenden Rechenschaftstabellen und Uebersichten †) zunächst:

a) durch die Form, indem diejenigen Einträge, welche früher in die Columne I der Zu- oder Abgangstabelle aufzunehmen waren, sowie die Bezeichnung der einschlägigen Ziffer in der Reihenfolge der Zu- und Abgänge nunmehr auf die Titelseite der Vormerkungsbögen zu stehen kommen, und

b) dadurch, daß statt der Bezeichnung des Einzelnrichters, welche früher in der Columne V der Tabellen anzugeben war, künftighin bei denjenigen Pflegschaften, in welchen die Vormünder oder Curatoren ein Vermögen zu verwalten haben, unter Hinweisung auf die betreffenden Verhandlungen in den Pflegschaftsakten die Termine anzugeben sind, an welchen Rechnung gestellt und die Rechnung vom Gerichte beschieden wurde.

Im Uebrigen entsprechen, wie schon aus den Ueberschriften ersichtlich ist,

a) die Spalte I des Vormerkungsbogens den Columnen II und III,
b) die Spalte II der Columne IV, und
c) die Spalte IV der Columne VI der früheren Tabelle.

---

*) Diese Vorschriften sind theilweise abgeändert s. Z. 12.
**) S. Z. 8.
***) S. Ziff. 1 § 38—42. Ziff. 4 § 1—19. — S. Z. 14 III 4.
†) S. Z. 1 u. 4.

Es können deßhalb jene Vormerkungsbögen über den Stand der Pflegschaften, welche nach dem früher bestimmten Formulare angefertigt sind, in ihrer bisherigen Form (mit entsprechend verändertem Eintrage in Columne V) fortgeführt werden. Bei der Anlegung neuer Bögen und der Anheftung von Fortsetzungsbögen ist jedoch das in den gegenwärtigen Vorschriften angeordnete Formular in Anwendung zu bringen.

II. Vorschriften

über die Geschäftsausweise nnd Geschäftsübersichten der Stadt und Landgerichte.

Ueber die Vorlage der Geschäftsausweise und Geschäftsübersichten der Stadt- und Landgerichte in den Landestheilen diesseits des Rheins wird im Nachtrage zu der Bekanntmachung vom 20. Februar 1863 (Reg.-Bl. S. 121 *) angeordnet, was folgt:

I. Von den Geschäftsausweisen bezüglich der Gegenstände der nichtstreitigen Rechtspflege.

A. In Hypotheken- und Verlassenschaftssachen.

etc. etc.

B. In Pflegschaftssachen.

§ 5. Die unter Nro. I Ziff. 3 des Nachtrags zur Geschäfts- und Registraturordnung vom Heutigen erwähnten Currentverzeichnisse sind sogleich nach Ablauf des Geschäftsjahrs — längstens bis zum 3. Oktober — **) den mit den betreffenden Pflegschaftssachen betrauten Beamten vorzulegen.

§ 6. ***) Die Pflegschaftsbeamten haben in den Currentverzeichnissen

1) diejenigen Pflegschaften, welche erst während des Geschäftsjahres angefallen sind und vor dem Ablaufe des Geschäftsjahres schon wieder erledigt wurden, dann
2) diejenigen schon in den früheren Geschäftsjahren angefallenen Pflegschaften, in denen nur solche Einläufe und Verhandlungen stattfanden, welche weder einen neuen Eintrag in den bereits früher vorgelegten und geprüften Vormerkungsbögen (zu früheren Vorträgen in den Rechenschaftstabellen) noch eine solche richterliche Thätigkeit veranlaßten, nach deren Abschluß ein derartiger Eintrag zu machen wäre,

durch Unterstreichnung †) in der Spalte I zu kennzeichnen.

---

*) S. oben Ziff. 8.
**) Nun 3. Januar s. Z. 16.
***) § 6 abgeändert s. Z. 12.
†) Nun sind nur mehr alle unerledigten Pfl. zu unterstreichen. s. Z. 12.

§ 7.*) Bezüglich der übrigen im Laufe des Jahres current gewesenen Pflegschaften sind von den Pflegschaftsbeamten die Vormerkungsbögen — nach allenfallsiger Ergänzung und Berichtigung ihres Inhalts — in gleicher Weise wie dieß bisher zur Herstellung der Zu- und Abgangstabellen zu geschehen hatte, in zwei Sammlungen

a) für die neu angefallenen und recurrent gewordenen,

b) für die in Abgang gekommenen (d. h. beendigten, wenn auch noch nicht erledigten Pflegschaften

auszuscheiden, innerhalb jeder Sammlung alphabetisch nach den Namen der Pfleglinge zu ordnen und mit fortlaufenden Ziffern zu versehen, hierauf aber, sammt den, durch die entsprechenden Einträge in der Spalte II ergänzten, Currentverzeichnissen an den Staatsanwalt am einschlägigen Bezirksgerichte einzusenden.

Die Einsendung hat alljährlich in der Zeit zwischen dem 10. Oktober und 15. November und zwar, soferne der Staatsanwalt den einzelnen Gerichten des Bezirksgerichtssprengels hiefür nicht eine andere Frist innerhalb dieses Zeitraumes festsetzt, längstens bis zu dem letztgenannten Tage zu geschehen.

§ 8.**) Die Staatsanwälte haben die Vormerkungsbögen zu prüfen, sich hiebei auf eigenen Blättern, halbbrüchig geschrieben, alles dasjenige zu bemerken, was zu einer weiteren Thätigkeit für den Beaufsichtigungszweck Anlaß bietet, und zugleich in den Currentverzeichnissen diejenigen Pflegschaften zu notiren, in welchen die durch Anfall, Recurrenz oder Abgang derselben veranlaßte richterliche Thätigkeit noch nicht zum Abschlusse gekommen, und deßhalb die Wiedereinsendung der Vormerkungsbögen für das nächste Jahr geboten ist.

Sollte sich die Mittheilung der Vormerkungsbögen als unvollständig, oder deren Inhalt als unförmlich oder mangelhaft erweisen, so sind dieselben dem Gerichte zur Ergänzung und Berichtigung zurückzugeben, welche jedesmal mit thunlichster Beschleunigung zu geschehen hat.

§ 9. Die von den Staatsanwälten nach § 8 Abs. 1 der gegenwärtigen Vorschriften gefertigten Bemerkungen haben denselben als Anhaltspunkte für ihre weitere Thätigkeit zur Erfüllung des Beaufsichtigungszweckes zu dienen.

Bezüglich jener Mängel und Gebrechen in der gerichtlichen Geschäftsführung, welche schon aus den Geschäftsnachweisen zweifellos hervorgehen, haben sich die Staatsanwälte sofort über die zur Erreichung des Beaufsichtigungszweckes zu bethätigenden Schritte schlüssig zu machen und allenfallsige an die Bezirksgerichte zu erstattende Anzeigen sogleich zu entwerfen.

In allen übrigen Fällen, in welchen die Staatsanwälte bei Prüfung der Geschäftsausweise oder auf anderem Wege von dem Obwalten gewisser Mißstände in der gerichtlichen Geschäftsführung bezüglich des Pflegschaftswesens Kenntniß erhalten, haben dieselben das Nähere hierüber bei Gelegenheit der Visitation der betreffenden Gerichte oder durch Erholung und Einsicht der be-

---

*) § 7 abgeändert s. Z. 12.
**) § 8 abgeändert s. Z. 12.

treffenden Akten zu erforschen und auf Grund der hiebei gesammelten Erfahrungen das Weitere zu veranlassen.

§ 10. Nach vollendeter Prüfung haben die Staatsanwälte die Vormerkungsbögen*) und Currentverzeichnisse sammt den von ihnen gefertigten Bemerkungen und allenfallsigen Anzeigeentwürfen (§ 9 Abs. 2 der gegenwärtigen Vorschriften) dem Oberstaatsanwalte vorzulegen.

Der Oberstaatsanwalt hat hievon Einsicht zu nehmen, die Bemerkungen und Entwürfe der Staatsanwälte mit dem Inhalte der gerichtlichen Geschäftsausweise zu vergleichen, soweit dieß nothwendig ist, um sich davon zu überzeugen, ob die darin gegebenen Anlässe zur Entwicklung einer weiteren Beaufsichtigungsthätigkeit von den Staatsanwälten gehörig berücksichtigt wurden, und sodann sämmtliche Vorlagen den Letzteren zurückzusenden.

Findet der Oberstaatsanwalt, daß erhebliche Mängel in den Geschäftsausweisen oder Anzeigen erheblicher Mängel in der gerichtlichen Geschäftsführung von den Staatsanwälten unbeachtet gelassen wurden, so hat er dieselben hierauf aufmerksam zu machen.

Nach der Rücksendung an die bezirksgerichtlichen Staatsanwälte sind von diesen die Vormerkungsbögen — insoweit nicht die Zurückbehaltung einzelner Bögen aus besonderen Gründen veranlaßt erscheint — unverzüglich den betreffenden Gerichten zurückzugeben, die Currentverzeichnisse aber zu behalten und nach den Gerichten ausgeschieden und nach der Zeitfolge geordnet aufzubewahren.

§ 11. Da den Stadt- und Landgerichten die Fortführung der Vormerkungsbögen**) wesentlich erleichtert wird, wenn sie die erforderlichen Einträge den bestehenden Vorschriften gemäß unmittelbar nach dem Schlusse der betreffenden Verhandlungen zu fertigen im Stande sind, so wird nicht nur den Staatsanwälten die möglichste Beschleunigung der von den Gerichten ihnen mitgetheilten Vormerkungsbögen, sondern auch den Oberstaatsanwälten die ungesäumte Durchsicht und Rückgabe der staatsanwaltschaftlichen Vorlagen zur Pflicht gemacht.

Sollten sich daher die staatsanwaltschaftlichen Vorlagen bezüglich des einen oder anderen Stadt- und Landgerichts aus besonderen Gründen ungewöhnlich verzögern, so ist deßhalb die Vorlage bezüglich der übrigen Gerichte des Bezirksgerichtssprengels nicht aufzuschieben, die Einsendung der ersteren vielmehr nachträglich gesondert zu bethätigen.

Aus dem gleichen Grunde haben auch die Oberstaatsanwälte in denjenigen Fällen, in welchen sie eine vorgängige Berichterstattung an das königl. Staatsministerium der Justiz veranlaßt halten (§ 10 Abs. 3 der Bekanntmachung vom 20. Februar 1863 Rggsbl. S. 121***) nur diejenigen Vormerkungsbögen, deren Vorlage hiebei als nothwendig erscheinen sollte, auszuheben und dem Berichte beizulegen, die übrigen aber sofort an die Staatsanwälte zurückzusenden.

---

*) S. Z. 12.
**) S. Z. 12.
***) S. Z. 8.

II. Von den Geschäftsübersichten.

§ 12. Am Schlusse des Geschäftsjahres *) ist von den Stadt- und Landgerichten

1) eine allgemeine Geschäftsübersicht nach dem Formulare der Anlage I und

2) eine besondere Uebersicht über die im Laufe des Jahres angefallenen Geschäfte der nichtstreitigen Rechtspflege nach dem Formulare der Anlage II,

unter Beachtung der auf den Formularen enthaltenen Vorschriften anzufertigen und längstens bis zum 15. Oktober **) an den Staatsanwalt am einschlägigen Bezirksgerichte einzusenden. Die Einsendung geschieht, wenn zu besonderen Bemerkungen kein Anlaß gegeben ist, lediglich unter Umschlag.

§ 13. Dem Staatsanwalt liegt ob, die Richtigkeit der Uebersichten — insbesondere durch Vergleichung mit den Einträgen in den an ihn gelangenden Geschäftsausweisen, sowie mit dem Inhalte der Uebersichten der vorhergehenden Jahre — zu prüfen, allenfallsige irrthümliche Vorträge, Rechnungsfehler und sonstige Mängel entweder selbst zu berichtigen oder nach Umständen durch das betreffende Stadt- und Landgericht des Bezirksgerichtssprengels zusammenzustellen, eine Ausfertigung dieser Zusammenstellungen aber dem Bezirksgerichte mitzutheilen.

Die von den Stadt- und Landgerichten gefertigten Uebersichten sind hierauf — und zwar längstens bis 15. Dezember ***) an den Oberstaatsanwalt einzusenden, welcher für die Stadt- und Landgerichte des Kreises in alphabetischer Reihenfolge je eine Gesammtübersicht herstellt und eine Abschrift hievon sammt den von den Stadt- und Landgerichten angefertigten Uebersichten längstens bis zum 31. Dezember †) dem Staatsministerium der Justiz in Vorlage bringt.

In den von dem Oberstaatsanwalte herzustellenden Gesammtübersichten sind in den betreffenden Spalten lediglich diejenigen Bemerkungen anzuführen, die zur Erläuterung der Zahlenangaben dienen.

III. Schlußbestimmungen.

§ 14. Wenn im Betreff des Pflegschaftswesens oder des Verlassenschaftswesens bei den Stadt- und Landgerichten nach Maßgabe der Bestimmungen in den §§ 12 und 13 der Bekanntmachung vom 20. Februar 1863 (Regg.Bl. S. 147 ††) oder aus anderen Anlässen an das Staatsministerium der Justiz

---

*) Sohin am 31. Dezember s. Z. 16.

**) Nun 15. Januar s. Z. 16.

***) Nun 15. März s. Z. 16.

†) Nun 31. März s. Z. 16.

††) S. Z. 7.

Berichte zu erstatten oder Vorlagen zu machen sind, so hat dieß bezüglich jeder dieser Geschäftssparten gesondert zu geschehen.*)

Die vorstehenden Bestimmungen treten mit dem 1. Oktober l. Js. in Wirksamkeit. — München, den 28. Juli 1864.

Königliches Staatsministerium der Justiz.

Frhr. v. Mulzer.

Anlage I.

Kgl. gericht. **Allgemeine Geschäftsübersicht.** Geschäftsjahr 18 / .

Zahl der Einläufe.						Neuangefallen sind.					Abgeurtheilt wurden:						Tax-geschäfte.		
		Im Tagebuch für Ersuchen und Aufträge.				Civil-Prozesse			Pfleg-schaf-ten *)			Sonstige Uebertretungen.							
			Hierunter befanden sich																
Im allgemeinen Tagebuch.	Im Tagebuch des Hypothekenamts.	im Ganzen:	Aufträge zur Führung von Voruntersuchungen.	Aufträge u. Ersuchen um Zustellung, Ladung u. Aktenmittheilung.	Gesammtzahl der Einläufe.	im Ganzen:	Hievon wurden durch Mandat erledigt.	Verlassenschaften	im Ganzen:	Darunter Pflegschaften über uneheliche Kinder.	Forstfrevel.	Durch Strafverfügung.	In öffentlicher Sitzung.	Zusammen:	Depositengeschäfte.	Asservatengeschäfte.	Das Taxregister enthält Ziffern:	Das Einzugsverzeichniß enthält Ziffern:	Bemerkungen insbesondere über die Geschäftsvertheilung.
1	2	3	4	5	6	7	8	9	10	11	12	13	14	15	16	17	18	19	20

Vorschriften über die Anfertigung der Uebersicht.

(Da diese Vorschriften auf das Pflegschaftswesen keinen Bezug haben, so werden sie hier weggelassen.)

*) Die Pflegschaften sind hier nicht nach Personen, sondern nach Sachen zu zählen, im Gegensatze zur „Besonderen Uebersicht“ (Anlage II, Spalte III und IV), wo sie gemäß Ziffer 2 der dortigen Vorschriften nach Personen und nicht nach Sachen zu zählen sind. Die Folge davon ist, daß die Zahlen in den beiden Uebersichten verschieden sind.

*) Vgl. Ziff. 10, 12, 13.

Anlage II.

Kgl. gericht

Geschäftsjahr 18 / .

Besondere Uebersicht
über die
Geschäfte der nichtstreitigen Rechtspflege.

Hypotheken-Geschäfte.					Pflegschaften.*)								Verlassenschaften:											Bemerkungen.
Zahl der Geschäfte.			Hievon		Anhängig waren:						Hievon		Anhängig waren			Hievon wurden erledigt					Unerledigt blieben			
						neu angefallen											und zwar zur weiteren Verhandlung abgegeben							
						wegen Minderjährigkeit.																		
						ordentliche Vormundschaften																		
Rückstände des Vorjahres.	neu angefallen:	zusammen:	wurden erledigt:	blieben unerledigt.	aus dem Vorjahre übergegangen:	eheliche Kinder:	uneheliche Kinder:	Spezial-Kuratelen:	aus anderen Gründen:	zusammen:	wurden erledigt:	blieben unerledigt:	aus dem Vorjahre:	neu angefallen:	zusammen:	vom Gerichte selbst beendigt:	an andere Gerichte u. Behörden	an Notare:	an andere Personen:	zusammen:	aus dem letzten Quartale:	aus früheren Quartalen:	zusammen:	
1	2	3	4	5	6	7	8	9	10	11	12	13	14	15	16	17	18	19	20	21	22	23	24	
I.			II.		III.						IV.		V.			VI.					VII.			

*) Die Pflegschaften sind hier nach Personen und nicht nach Sachen zu zählen. S. oben die Note zur allgemeinen Geschäfts-Uebersicht.

Vorschriften über die Fertigung der Uebersicht.

1) Die in den Hauptspalten I und II anzuführende Zahl der Hypotheken-Geschäfte etc. etc.

2) In den Hauptspalten III und IV ist nicht die Zahl der Pflegschaften, sondern die Zahl der einzelnen Pflegschaften, berechnet nach der Zahl der unter Pflegschaft stehenden Personen, anzuführen.

Die Frage, wann eine Pflegschaft als angefallen und erledigt zu betrachten sei, ist nach den Bestimmungen in Ziffer 3 der Vorschriften über die Führung des Registratur-Verzeichnisses (Just.-Minist.-Bl. Jahrgang 1864. S. 188 *) zu beantworten.

3) etc. etc.

12.

Justizministerial-Entschließung vom 16. November 1864. (J.-M.-Bl. 1864. S. 258.)

Die Beaufsichtigung des Pflegschaftswesens betr.

Hinsichtlich des Vollzuges der Entschließungen vom 28. Juli l. Js. über die Geschäfts- und Registraturordnung, dann über die Geschäftsausweise und Geschäftsübersichten der Stadt- und Landgerichte (Just.-M.-Bl. S. 182 ff.) haben sich bei einzelnen Gerichten, namentlich bei solchen von größerem Umfange, Anstände ergeben, weßhalb zur Vermeidung eines störenden Einflusses auf die übrigen Geschäfte des Dienstes bis auf Weiteres folgende Anordnungen unter Modifikation der in den erwähnten Entschließungen enthaltenen bezüglichen Bestimmungen getroffen werden. —

1) Die Herstellung der Geschäftsausweise und zwar sowohl der Vormerkungsbogen über den Stand der Pflegschaften, als auch des damit vorzulegenden Currentverzeichnisses wird bei denjenigen Gerichten, welche dieselben für die Geschäftsjahre 1861/62 und 1862/63 nicht bereits angefertigt haben, auf die im Jahre 1863/64 im Laufe gewesenen Pflegschaften (neu angefallene, rekurrent gewordene und in Abgang gekommene) beschränkt. Die Anfertigung der Vormerkungsbogen und die Vervollständigung der vorschriftsmäßigen Einträge in dieselben für die übrigen, schon vor dem 1. Oktober 1863 angefallenen Pflegschaften, kann ausgesetzt bleiben, bis ein neuer Anlaß zu einem Eintrage in den Vormerkungsbogen bei der betreffenden Pflegschaft gegeben ist.

2) Die Anlegung von Vormerkungsbogen hat nur bei jenen Pflegschaften stattzufinden, in denen irgend ein Vermögen vormundschaftlich zu verwalten, somit eine fortdauernde obervormundschaftliche Aufsicht geboten ist. Diese Anlegung kann daher bei allen Curatelen über jene außerehelichen Pfleglinge, denen kein Vermögen zufiel und für welche sich der außereheliche Vater lediglich zur Leistung von Alimenten verpflichtet hat, dann in denjenigen Fällen, in welchen lediglich zu einer einzigen gerichtlichen Ver-

---

*) S. oben Anlage I zu I und die Note zur allgemeinen Geschäftsübersicht.

handlung ein Spezialkurator aufzustellen ist, dessen Wirksamkeit mit dieser Verhandlung zu Ende geht, wie überhaupt da unterlassen werden, wo ein durch den Curator zu verwaltendes Vermögen nicht vorhanden ist. *)

3) Die Vormerkungsbogen sind in denjenigen Fällen, in welchen sie nothwendig sind, nach den bisherigen Vorschriften zu fertigen, jedoch hat eine Unterscheidung derselben nach Zugang und Abgang zu unterbleiben, und ist der auf den Abgang bezügliche Vortrag in der Rubrik „Bemerkungen" des Vormerkungsbogens anzubringen; auch genügt es bei Pflegschaftsmassen größeren Umfangs, wenn die etwa vorhandenen Werthpapiere im Vormerkungsbogen nur summarisch nach ihren verschiedenen Gattungen vorgetragen werden, und auf jenes Aktenstück (beispielsweise die letzte Rechnung) hingewiesen wird, welches die genaue Zusammenstellung des Vermögens nach seinem jeweiligen Bestande enthält. **)

4) Nachdem die Vormerkungsbogen vorzugsweise dazu dienen sollen, dem Pflegschaftsbeamten eine schnelle Uebersicht über den Stand der einzelnen Pflegschaften zu verschaffen, so sind dieselben bei den Akten zu belassen, während dem Staatsanwalte behufs der Aufsicht alljährlich blos das Currentverzeichniß über alle während des Geschäftsjahres im Laufe gewesenen (neu angefallenen, recurrent gewordenen und in Abgang gekommenen Pflegschaften in Vorlage zu bringen ist.

5) In diesem Currentverzeichnisse ist noch in der Rubrik „Bemerkungen" das Vorhandensein eines Mündelvermögens (etwa mit den Worten: „Vermögen vorhanden") in Kürze zu erwähnen, ohne Rücksicht darauf, ob dieses Vermögen vormundschaftlich verwaltet wird oder nicht. Ferner ist in der Spalte II (Seite 190) statt des bisherigen Vortrages blos das Registraturzeichen einzusetzen.

Die am Schlusse des Geschäftsjahres ***) unerledigt gebliebenen Pflegschaften sind lediglich durch Unterstreichung in der Spalte I zu kennzeichnen, womit die Bestimmung des § 6 der Vorschriften über die Geschäftsausausweise u. s. w. Seite 196 selbstverständlich außer Wirksamkeit tritt. †)

6) Die Staatsanwälte haben die ihnen obliegende Aufsicht über die Behandlung des Pflegschaftswesens vorzugsweise in der Art zu pflegen, daß sie nicht nur bei Gelegenheit der Visitation der betreffenden Gerichte eingehende Nachforschungen anstellen, sondern sich namentlich im Laufe des Jahres nach und nach öfters und möglichst viele Pflegschaftsakten nach ihrer Auswahl aus dem Currentverzeichnisse — selbstverständlich mit den Vormerkungsbogen, wo diese erforderlich sind — einsenden lassen und sich durch genaue Einsicht derselben über die Geschäftsführung bezüglich des Pflegschaftswesens Kenntniß verschaffen. Sie haben sodann an den Oberstaatsanwalt innerhalb der von diesem zu bestimmenden Zeit über den

---

*) Hiedurch sind die Bestimmungen unter Ziff. 11 (Nachtrag zur G.- u. R.-O. I und Anlage IV hiezu) abgeändert.

**) Vergl. Ziff. 11. I. Nachtrag z. G.- u. R.-O. —

***) D. i. am 31. Dezember, s. Z. 16. —

†) Vgl. Ziff. 11. Nachtrag z. G.- u. R.-O. Anlage III. —

Stand des Pflegschaftswesens bei den betreffenden Gerichten unter Vorlage der an sie wieder zurückzuleitenden Currentverzeichnisse und unter Bezeichnung der von ihnen eingesehenen Akten umfassenden Bericht zu erstatten *) und gutachtliche Anträge zu stellen, im Uebrigen aber zur Beseitigung derjenigen in der Geschäftsführung der Gerichte wahrgenommenen Mängel und Gebrechen, welche eine schleunige Abhilfe erheischen, sofort das Geeignete zu veranlassen.

7) Die Vorlage der Currentverzeichnisse an den Staatsanwalt hat künftig bis zum 15. November **) zu geschehen.

Diejenigen Gerichte, von welchen die Currentverzeichnisse von 1863/64 noch nicht vorgelegt worden sind, haben dieselben bis längstens 15. Dezember ds. Js. an den Staatsanwalt einzusenden.

Die Staatsanwälte haben alle Vormerkungsbogen, welche ihnen bereits zugekommen sind, nachdem sie im Currentverzeichnisse darüber, ob und bei welchen Pflegschaften Vermögen vorhanden ist, und welche Pflegschaften noch unerledigt sind (vgl. oben Ziffer 5), vorher Vormerkung gemacht haben, ungesäumt den betreffenden Gerichten zur Einlegung in die einschlägigen Pflegschaftsakten zurückzugeben.

13.

Justizministerial-Entschließung vom 19. Oktober 1865.
(J.-M.-Bl. Bd. III. (1865) S. 167.)

Die Beaufsichtigung des Pflegschafts- und Verlassenschaftswesens bei den Stadt- und Landgerichten diesseits des Rheins betr.

Die Oberstaatsanwälte an den k. Appellationsgerichten diesseits des Rheins haben bisher bei Erstattung der ihnen im § 12 Abs. 2 der Bekanntmachung vom 20. Februar 1863 ***) (Regierungsblatt S. 154) aufgetragenen Berichte an das k. Staatsministerium der Justiz über das Ergebniß der Visitationen der Stadt- und Landgerichte und Notariate das Pflegschafts- und Verlassenschaftswesen nicht wie es im § 14 der Vorschriften über die Geschäftsausweise und Geschäftsübersichten der Stadt- und Landgerichte vom 28. Juli 1864 †) (Justizministerialblatt 1864 S. 200) angeordnet wurde, von den übrigen Geschäftszweigen ausgeschieden. Es ergeht daher unter Hinweisung auf die Entschließung vom 12. Mai 1864 Nro. I. ††) (Justizministerialblatt 1864 S. 132) an die Staatsanwälte und Oberstaatsanwälte neuerdings der Auftrag, künftighin sowohl die im Betreffe des Pflegschaftswesens als auch die im Betreffe des Verlassenschaftswesens an den Oberstaatsanwalt oder an das k. Staatsministerium der Justiz zu erstattenden Berichte und zu machenden Vorlagen gesondert zu bethätigen.

---

*) Vgl. Ziff. 7. 10. 11. 13.
**) Nun 15. Februar, s. Z. 16.
***) S. oben Z. 7.
†) S. oben Z. 11.
††) S. oben Z. 10.

Zugleich werden die Oberstaatsanwälte angewiesen, die Befolgung der Vorschrift in der Entschließung vom 16. November 1864 Ziff. 6*) (Justiz-Ministerial-Blatt 1864 S. 261), nach welcher die Staatsanwälte an den Bezirksgerichten über das Ergebniß der Beaufsichtigung des Pflegschaftswesens insbesondere an den Oberstaatsanwalt Berichte zu erstatten haben, genau zu überwachen.

14.

Entschließung des kgl. Staatsministeriums der Justiz vom 4. August 1866. (J.-M.-Bl. IV. (1866) S. 224.)

Die Beaufsichtigung des Pflegschaftswesens betr.

Aus den Vorlagen über die Beaufsichtigung des Pflegschaftswesens bei den Stadt- und Landgerichten diesseits des Rheins für das Jahr 1864/65 hat das Staatsministerium der Justiz mehrfache Gebrechen in der gerichtlichen Geschäftsführung wahrgenommen, zu deren Beseitigung nachstehende Anordnungen erlassen werden:

I. Die allgemeinen Entschließungen vom 24. Jänner 1864 über die Beurkundung der Verträge über die Alimentation außerehelicher Kinder**) (J.-M.-Bl. S. 20) und vom 20. April 1864 über die Ersuchschreiben der Vormundschaftsbehörden zum Zweck der Ermittlung der Vaterschaft und Alimentation außerehelicher Kinder***) (a. a. O. S. 122) haben von Seite der Gerichte und Staatsanwälte eine verschiedene Auffassung gefunden, insbesondere Zweifel über die Befugnisse der vormundschaftlichen Gerichte bezüglich ihrer Mitwirkung zur Feststellung der den unehelichen Kindern gegen ihre Väter in dieser Hinsicht zustehenden Rechte, andererseits aber die Nothwendigkeit einer hinzukommenden notariellen Beurkundung und in Folge dessen ein sehr ungleichförmiges Verfahren bei der Behandlung solcher Fälle hervorgerufen.

Der in der ersterwähnten Entschließung ausgesprochene Grundsatz, daß die Beurkundung von Alimentationsverträgen zum ausschließlichen Wirkungskreise der Notare gehöre, hat zur Folge, daß der Vormund und der Vater eines unehelichen Kindes, wenn sie unter sich einen solchen Vertrag eingehen und hierüber eine öffentliche Urkunde errichten lassen wollen, sich nach Art. 17 des Notariats-Gesetzes zu diesem Zwecke an einen Notar zu wenden haben.

Dagegen kann hieraus nicht gefolgert werden, daß die vormundschaftlichen Gerichte, deren Wirkungskreis durch die Einführung des Notariats-Gesetzes keine Aenderung erlitten hat, nun nicht mehr befugt seien, die Vormünder der unehelichen Kinder und die als Väter der letztern bezeichneten Personen zur Festsetzung der zu leistenden Ernährungsbeiträge zu vernehmen und ihre Erklärungen in den Pflegschaftsakten zu beurkunden.

*) S. oben Ziff. 12.
**) S. Abtheilung B, Ziff. 40.
***) S. Abtheilung B, Ziff. 41.

Wie schon in der Entschließung vom 20. April 1864 bemerkt wurde, bringt es die Pflicht der Vormundschaftsbehörden, für die Ausmittelung der Vaterschaft und die Ernährung der unter ihrer Vormundschaft stehenden unehelichen Kinder zu sorgen, mit sich, daß sich dieselben darüber Kenntniß zu verschaffen haben, ob der als Vater Bezeichnete die Ansprüche der Vormundschaft anerkenne oder nicht, um hienach die weiter von Obervormundschafts wegen zu treffenden Verfügungen bemessen zu können.

Hat bei solchen Verhandlungen der Vater eines unehelichen Kindes seine Vaterschaft und seine Verbindlichkeit zur Ernährung desselben zugestanden, so können die von der Vormundschaftsbehörde hierüber aufgenommenen Protokolle wohl auch zur Geltendmachung der Rechte des Pfleglings von dem Richter der streitigen Rechtspflege gebraucht werden. Da jedoch die Errichtung einer öffentlichen Urkunde vor dem Notare unter Umständen nach dem einschlägigen Civilgesetze zur Begründung des Rechts nöthig werden kann, und jedenfalls der Besitz einer Notariats-Urkunde, zumal wenn dieselbe mit der im Art. 80 des Notariatsgesetzes erwähnten Vollziehbarkeitsklausel versehen ist, entschieden größere Vortheile gewährt und in noch höherem Grade in Zukunft gewähren wird, wenn eine neue Civilprozeßordnung in's Leben getreten sein wird, so haben die betreffenden Gerichtsbeamten unter geeigneter Belehrung der Betheiligten darauf hinzuwirken, daß in jedem Falle, in welchem von dem als Vater Bezeichneten die Vaterschaft und die Verbindlichkeit zur Ernährung des Kindes zugestanden ist, eine solche Urkunde errichtet werde, und die Staatsanwälte ihre Aufmerksamkeit darauf zu richten, daß diese Anordnung gewissenhaft von Seite der Gerichtsbeamten vollzogen werde.

II. Das k. Staatsministerium der Justiz hat aus den Vorlagen ersehen, daß die pflichtmäßige Sorge für die Erziehung der unter ordentlicher Vormundschaft stehenden Personen bisher von den Pflegschaftsbehörden vielfach unterlassen wurde. Bei der hohen Wichtigkeit dieser Angelegenheit und den unberechenbaren Nachtheilen, welche Versäumnisse dieser Art zur Folge haben können, ergeht an sämmtliche Stadt- und Landgerichte die dringende Aufforderung, den hierüber bestehenden gesetzlichen Vorschriften, insbesondere bei unehelichen und doppelt verwaisten ehelichen Kindern von nun an mit allem Eifer nachzukommen und zu diesem Behufe auch da, wo es die Umstände als nothwendig oder zweckmäßig erscheinen lassen, mit den Polizei-, Schul- und geistlichen Behörden in das Benehmen zu treten. *)

III. Ein ferneres Gebrechen, das nicht blos die Beaufsichtigungsthätigkeit der Staatsanwälte erschwert, sondern nothwendig auch störend auf die Geschäftsthätigkeit der Gerichte selbst zurückwirken muß, besteht in der unvollständigen Anlegung der Pflegschaftsakten. Insbesondere kam es bei solchen Pfleglingen, welche in einer bei dem nämlichen Gerichte anhängigen oder von einem Notare verhandelten Verlassenschaft betheiligt waren,

*) Ueber die Erziehung s. den besonderen Abschnitt C dieses Heftes III.

bisher nicht selten vor, daß von den Verhandlungen der Verlassenschaft in den Pflegschaftsakten gar keine Erwähnung und überhaupt in dieser Richtung nichts weiter geschah, als daß im ersten Falle die Verlassenschaftsakten den Pflegschaftsakten beigebunden und im zweiten Falle die vom Notar der Pflegschaftsbehörde mitgetheilten Urkunden in der gerichtlichen Depositenkasse hinterlegt oder dem Vormunde zur Aufbewahrung übergeben wurden.

Um einerseits die mit einer solchen Unvollständigkeit der Akten verbundene Gefahr von Versäumnissen und Benachtheiligungen der Pfleglinge zu vermeiden, anderseits aber auch die gerichtliche Geschäftsführung möglichst zu erleichtern und von überflüssiger Vielschreiberei zu befreien, sind bei der Anlegung und Führung der Pflegschaftsakten folgende Grundsätze zu beobachten: *)

1) Wenn ein Pflegling in einer Verlassenschaft betheiligt ist, welche bei dem nämlichen Gerichte verhandelt wird, so sind sämmtliche bei Auseinandersetzung der Verlassenschaft gepflogene gerichtliche Verhandlungen bis zum Schlusse derselben, und zwar selbst diejenigen, welche den Pflegling betreffen, — mit Ausnahme jener über die Wahl, Bestellung und Verpflichtung der Curatoren und Vormünder, (welche sich immer nur zur Aufnahme in die Pflegschaftsakten eignen) — den Verlassenschaftsakten einzuverleiben, nach dem Schlusse der Verhandlungen aber die Ergebnisse hievon insoweit sie den Pflegling betreffen, in den Pflegschaftsakten vorzumerken. Schon während die Verlassenschaftsverhandlungen sich noch im Laufe befinden, ist übrigens für die Möglichkeit einer gehörigen Rücksichtnahme auf den Fortgang dieser Verhandlungen in der Pflegschaftssache Sorge zu tragen, und in Beziehung auf das zu diesem Zwecke einzuhaltende Verfahren weiter zu unterscheiden wie folgt:

a) Ist für den Pflegling außer der Verlassenschaft, in der er betheiligt ist, keine weitere Verhandlung veranlaßt, wie es gewöhnlich dann der Fall zu sein pflegt, wenn ein Ehegatte mit Hinterlassung minderjähriger Kinder gestorben und hiedurch der Anfall einer Verlassenschaft und Pflegschaft zugleich begründet ist, so sind die Pflegschaftsakten nach geschehener Bestellung und Verpflichtung der Vormünder und Curatoren bis zum Schlusse der Verlassenschaftsverhandlung einfach den Verlassenschaftsakten beizulegen.

b) Ergibt sich aber inzwischen in der Pflegschaft ein Anlaß zu anderweitigen Verhandlungen, z. B. im Betreff der Ernährung und Erziehung der Pfleglinge, oder weil dieselben außerdem noch in einer andern Verlassenschaft betheiligt sind, so ist es zum Behufe einer geordneten Geschäftsführung nothwendig, daß die Pflegschafts- und Verlassenschaftsakten getrennt bleiben. In diesem Falle sind immer dann, wenn in der Verlassenschaft

*) Vgl. Ziff. 9. § 28 u. § 37.

eine Verhandlung gepflogen wurde, die einer obervormundschaftlichen Genehmigung bedarf, die hierüber erlaufenen Akten dem mit der Pflegschaft befaßten Beamten vorzulegen, der dieselben nach erfolgter Entscheidung mit dem obervormundschaftlichen Beschlusse dem mit der Verlassenschaft betrauten Beamten zurückzugeben, hiebei aber das Ergebniß seinem wesentlichen Inhalte nach in den Pflegschaftsakten vorzumerken hat.

Von der Anlegung gesonderter Verlassenschaftsakten kann endlich unbeschadet des in § 39 Abs. 3 der Registraturordnung gemachten Vorbehaltes gänzlich Umgang genommen werden, wenn die gerichtliche Verhandlung über die Erbschaft lediglich wegen der Betheiligung pflegbefohlener Personen zu geschehen hat, diese sich in einer Familiengewalt befinden, und das Amt des Spezialkurators, dessen sie zu ihrer Vertretung dem Inhaber der Familiengewalt gegenüber bedürfen, mit dem Schlusse der Nachlaßverhandlung endet. In diesem Falle können auch die Verhandlungen über die Erbschaft in den Pflegschaftsakten vorgenommen werden. Die Sache ist dann zwar auch in das Verlassenschaftsverzeichniß einzutragen, hiebei jedoch in der Spalte V dieses Verzeichnisses auf die Ziffer, unter der die nämliche Sache im Registraturverzeichnisse für Pflegschaften vorgetragen ist, hinzuweisen.

2) Wird die Verlassenschaft, in der ein Pflegling betheiligt ist, nach Art. 29, 30, 35 oder 51 des Notariatsgesetzes von einem Notar oder nach Art. 34 dieses Gesetzes von einer andern Person als Verlassenschaftskommissär behandelt, und können die hierauf bezüglichen Aktenstücke, welche nach Art. 13, 31, 32, 51 Abs. 3 des Notariats-Gesetzes dem Vormundschaftsgericht zur Prüfung und Genehmigung vorzulegen sind, nicht bei den Pflegschaftsakten behalten werden, weil sie dem Einsender zurückzugeben sind, oder sich nach § 3 der allerhöchsten Verordnung vom 28. Mai 1862 (Reg.-Bl. S. 1079) zur Abgabe an die Depositenkommission eignen, so hat der mit der einschlägigen Pflegschaft betraute Beamte dafür Sorge zu tragen, daß das Ergebniß der Verhandlungen, soweit es den Pflegling betrifft, entweder durch eine Abschrift der betreffenden Aktenstücke, oder in einem ihren wesentlichen Inhalte in sich begreifenden Auszuge zu den Pflegschaftsakten beurkundet werde.

3) Auf gleiche Weise ist auch dann zu verfahren, wenn außer dem Falle der Betheiligung von Pfleglingen in Verlassenschaften notariell verlautbarte Verträge über unbewegliche Sachen, über die Ernährung unehelicher Kinder u. dgl. zum Behufe obervormundschaftlicher Genehmigung an die Pflegschaftsbehörde gelangen.

4) Soweit in den Z. 1—3 erwähnten Fällen die vorschriftsmäßig angefertigten Einträge in den Vormerkungsbögen über den Stand der Pflegschaften schon das Ergebniß der obervormundschaftlich genehmigten Verhandlungen rücksichtlich der Pfleglinge entnehmen lassen, kann

von einer weiteren Vormerkung hierüber in den Pflegschaftsakten Umgang genommen werden. *)

IV. Endlich hat sich gezeigt, daß bei manchen Gerichten die gesetzlich vorgeschriebene jährliche oder nach anderen Zeiträumen wiederkehrend zu bethätigende Rechnungsstellung **) über die Verwaltung des Vermögens der Pfleglinge von Seite der Vormünder und Curatoren vielfach unterlassen, und von den Gerichten versäumt wurde, die Vormünder und Curatoren rechtzeitig zur Erfüllung dieser Obliegenheit anzuhalten. Die Pflegschaftsbehörden haben dafür Sorge zu tragen, daß sie die Zeitpunkte, bis zu welchen eine solche Rechnungsstellung zu geschehen hat, jedesmal rechtzeitig wahrnehmen. Am zweckmäßigsten kann dieses in der Art geschehen, daß bei dem Schlusse der Verhandlungen über die Ausmittelung und Sicherstellung des Vermögens, sowie über die jedesmalige Rechenschaftsablage der Vormünder und Curatoren, der mit der Pflegschaft befaßte Richter sogleich den Zeitpunkt für die Wiedervorlage der Akten bestimmt, und dann entweder der Richter selbst, oder der mit dem Registraturdienste beauftragte Gerichtsschreiber diesen Zeitpunkt jedesmal auf die im § 38 der Geschäfts- und Registratur-Ordnung vom 20. September 1863 (J.-M.-Bl. S. 123 ***) angeordnete Weise in dem Terminskalender des nämlichen Jahres, oder in den je nach Bedürfniß mehre Jahre voraus anzulegenden Terminskalendern der nächstfolgenden Jahre vormerkt.

Die Stadt- und Landgerichte diesseits des Rheins haben die in gegenwärtiger Entschließung getroffenen Anordnungen genau zu befolgen; den Staats-Anwälten an den Bezirksgerichten wird zur Pflicht gemacht, diese Befolgung genau zu überwachen.

15.

Justizministerial-Entschließung vom 7. August 1866.
(J.-M.-Bl. 1866. S. 239.)

Die Geschäftsbehandlung und den Geschäftsverkehr der Gerichte betr.

I. (Verkehr zwischen den Stadt- und Landgerichten und den Bezirksgerichten.)

II. (Den Bezirksgerichten, Stadt- und Landgerichten und den Staatsanwälten an diesen Gerichten wird „wiederholt zur Pflicht gemacht, in allen dazu geeigneten Fällen nur mittels einfacher Geschäftsnoten †) (Marginal-Entschließungen und Marginalberichten, wie z. B. bei einfachen Aktenvorlagen) in analoger Anwendung der einschlägigen Bestimmungen der Ziff. VIII § 38 u. 44 der Dienstesvorschriften für die Staatsanwälte vom 20. Juni 1862 unter sich in Verkehr zu treten.")

---

*) S. Ziff. 11 Anlage IV.
**) Ueber das Rechnungswesen s. Heft V.
***) S. Z. 9.
†) Vergl. oben J.-M.-E. v. 26. Juni 1862. VI. (Ziff. 6.)

III. „In einfach gelagerten Fällen, in welchen weder durch gesetzliche Vorschrift*), noch durch die Natur der Sache im Verkehre mit den Parteien Protokollar-Aufnahmen geboten erscheinen, sind dieselben durch bloße, möglichst kurze und bündige Vormerkungen des gerichtlichen Beamten zu den Akten zu ersetzen."

IV. (Zustellungen und Ladungen der Bezirksgerichte.)

V. (Schluß.)

16.

Justizministerial-Entschließung vom 31. Mai 1867. (J.-M.-Bl. 1867 S. 145.)

Die Einführung des Kalenderjahres in allen Zweigen des gerichtlichen Dienstes statt des bisherigen Etatsjahres betr.

Aus Anlaß des Gesetzes vom 10. Juli 1865 über die Abkürzung der Finanzperioden werden von dem unterfertigten k. Staatsministerium der Finanzen unbeschadet der in der Pfalz über die Gerichtsferien und die Wiedereröffnung der Gerichtssitzungen geltenden besonderen Bestimmungen nachstehende Anordnungen getroffen:

I. Vom 1. Januar 1868 an tritt an die Stelle des bisherigen, vom 1. Oktober bis 30. September laufenden Verwaltungs-, Geschäfts- oder Etatsjahres das Kalenderjahr.

II. Um den Uebergang zum Kalenderjahre herbeizuführen, hat sich das Etatsjahr 1866/67 auf fünf Quartale, nemlich auf den Zeitraum vom 1. Oktober 1866 bis 31. Dezember 1867 zu erstrecken.

Sämmtliche Geschäftsbücher, Verzeichnisse und Rechnungen des gerichtlichen Dienstes, insbesondere alle Register, Repertorien, Tagebücher, Registraturverzeichnisse, Journale und Manualien, Depositen- und Asservatenbücher, Belegfaszikel, Geschäftsübersichten, Currentverzeichnisse in Pflegschaftssachen, Insinuations- und Botenbücher, die nach den Vorschriften in Uebertretungs- (2c. 2c.) zu führenden Verzeichnisse (2c. 2c.) nicht minder die Taxregister

---

*) Protokolle sind gesetzlich vorgeschrieben durch Art. 33 des St.-P.-G. v. 10. Nov. 1867 für „jede Untersuchungshandlung im Strafverfahren"; durch Cap. IV. § 15 u. Cap. II § 3 der b. G.-O. v. 1753 für „mündliche Klagen und Handlungen" im Gerichtsprozesse, wohin nach G.-O. Cap. III § 3 No. 4 auch das Verfahren „bei der Bevormundung minderjähriger Personen" gehört. Uebrigens sind nur solche Pflegschaftshandlungen (unter Zuziehung eines Aktuars) zu protokolliren, welche besondere Rechtsverbindlichkeiten erzeugen oder nachweisen sollen, wie z. B. Vormundschaftsverpflichtungen, Alimentenverträge und anderweitige Uebereinkommen, welche nach dem Notariats- und Gerichtsverfassungsgesetze von den Gerichten giltig beurkundet werden können, während „nach der Natur der Sache" bloße einseitige Anzeigen der Vormünder oder einfache Aufträge an dieselben, oder sonstige Einträge in die Akten über anderweitig Beurkundetes u. dgl. allerdings durch bloße Vormerkungen des Pflegschaftsbeamten oder auch nur eines Hilfsarbeiters, in Fällen vorübergehender Natur sogar nur mit Bleistift aktenmäßig gemacht werden können. — Bezüglich der Form der Protokolle vergl. die Anmerkungen zur b. G.-O. Cap. II § 3 lit. f. — Cap. IV § 15 und Seuff. Commentar zur b. G.-O. Cap. IV § 15 II. Aufl. Bd. II S. 216—222. Bd. III S. 147 Note 8. S. 257 Note 9. — Ueber die Protokolle nach der Prozeßordnung vom J. 1869 s. Art. 166—168 ders.

und Postbücher, die Regierechnungen und Nebenrechnungen für die laufende Geschäftsperiode haben daher ausnahmsweise fünf Quartale zu umfassen.

Wo in jenen Büchern, Registern und Verzeichnissen eine fortlaufende Nummer besteht, ist sie bis zum 31. Dezember 1867 fortzuführen.

III. Vom Geschäftsjahre 1866/67 einschlüssig an sind alle mit dem Schlusse des Verwaltungsjahres zusammenhängenden periodischen Geschäfte, welche seither Ende September oder Anfangs Oktober oder in einem späteren Zeitpunkte zu geschehen hatten, Ende Dezember oder Anfangs Januar, beziehungsweise in dem hiernach sich bemessenden späteren Zeitpunkte zu vollziehen.

Beispielsweise ist der in §§ 68 u. 88 der allerhöchsten Verordnung vom 28. Mai 1862 über die Behandlung des Depositenwesens in den Landestheilen diesseits des Rheins *) angeordnete Bücherabschluß und Sturz der Kassen, Materialbestände und Ueberführungsstücke von nun an am Schlusse des Kalenderjahres vorzunehmen und hat im Hinblick auf die Vorschriften, auf die Geschäftsausweise und Geschäftsübersichten der Stadt- und Landgerichte in den Landestheilen diesseits des Rheins vom 28. Juli 1864 **), dann auf die auf die Justizministerialentschließung vom 16. Nov. 1864 ***) über die Beaufsichtigung des Pflegschaftswesens die Vorlage der hypothekenamtlichen Tagebücher und der Verlassenschaftsverzeichnisse an den Staatsanwalt am einschlägigen Bezirksgerichte zwischen dem 20. Februar und 1. März, die Einsendung der Currentverzeichnisse in Pflegschaftssachen an denselben bis zum 15. Februar, die Vorlage der Geschäftsübersichten der Stadt- und Landgerichte an denselben bis zum 15. Januar, die Vorlage dieser Uebersichten an das k. Staatsministerium der Justiz durch den Oberstaatsanwalt bis 31. März zu erfolgen.

Jahresberichte sind vom Geschäftsjahre 1866/67 einschlüssig an am Schlusse des Kalenderjahres zu erstatten.

IV. Die in § 12 und 13 der Bekanntmachung des k. Staatsministeriums der Justiz vom 20. Februar 1863, die Visitation der Stadt- und Landgerichte und Notariate in den Landestheilen d. d. Rh. betr., vorgesteckten Termine bleiben vorerst unverändert. †) —

---

*) S. Heft V.
**) S. Z. 11.
***) S. Z. 12.
†) S. Z. 7.

B.

Besondere Pflegschaftsangelegenheiten.

1.

Entschließung des k. Staatsministeriums der Finanzen vom 29. August 1819. (Döll. XVI. S. 28.)

Competenzerweiterung des Centralbaubureaus betr.

Das k. Central-Bureau wird ermächtigt, Gesuche seines untergeordneten Personals um Bewilligung einer Vormundschaftsübernahme aus eigener Befugniß zu gewähren. *)

2.

Allerhöchstes Reskript v. 30. September 1819. (Döll. XVII. S. 738.)

Bewilligung zur Vormundschaftsübernahme von Seite der Staatsdiener betr.

Wir ermächtigen hiemit unsere Kreisregierungen, Kammer des Innern, die Gesuche des denselben untergeordneten Personals im reinen Administrativdienst um die Erlaubniß zur Uebernahme von Vormundschaften, nach Würdigung aller Verhältnisse, ohne weitere Berichtserstattung aus eigener Befugniß zu erledigen. Den Präsidien der Kreisregierungen soll dieselbe Befugniß in Ansehung des nachgeordneten Raths- und Kanzleipersonals zustehen. **)

3.

Allerhöchstes Reskript v. 30. September 1819. (Döll. XVII. S. 739.)

Bewilligung zur Vormundschaftsübernahme für das Personal der Landgerichte betr.

Wir wollen die unsern Kreisregierungen, Kammern des Innern unterm heutigen ***) gegebene Ermächtigung, Gesuche untergeordneter Staatsdiener im

---

*) Vgl. Z. 2, 3, 9, bes. 49 und die Generalmandate im II. Hefte Abth. A. Z. 4, 5, 9.
**) Vgl. Z. 1, 9, 49, Heft II A. Z. 4, 5, 9.
***) S. Z. 2.

Administrativdienste um die Erlaubniß *) zur Uebernahme von Vormundschaften aus eigener Befugniß zu erledigen, hiemit auch auf das Personal der Landgerichte, jedoch unter den besonderen Bestimmungen ausdehnen, daß

1) jederzeit zwischen Unsern Regierungen und Appellationsgerichten das ordnungsmäßige Benehmen stattfinden,
2) in Fällen wo beide Stellen sich in ihren Ansichten nicht vereinigen können, Berichte an das Staatsministerium erstattet **), und
3) die Bewilligung selbst immer auf verwandtschaftliche Verhältnisse zwischen den unter Vormundschaft zu setzenden Individuen und den als Vormünder ausersehenen Beamten, oder auf andere besonders berücksichtigungswürdige Umstände beschränkt werden solle. ***) —

4.

Jurisdiktions-Vertrag mit Württemberg vom 7. Mai 1821. Bekannt gemacht am 23. September 1821. (Regierungsblatt 1821. Nro. 33, S. 868.)

§ 1. Beide Contrahenten versichern sich gegenseitige Rechtshilfe, sowohl in bürgerlichen, als peinlichen Sachen, insoweit nicht im gegenwärtigen Vertrage besondere Einschränkungen vorhanden sind.

§ 19. Den Gerichtsstand der geführten Verwaltung hat der Ausländer, der sie führt, da anzuerkennen, wo entweder die bevormundete Person ihren Wohnsitz hat, oder die verwalteten Güter liegen, der Verwalter mag nun zur Zeit der Verwaltung in eben dem Staate gewohnt, oder dieselbe in seinem auswärtigen Wohnsitze geführt haben. †) —

5.

Entschließung des königl. Staatsministeriums des Innern vom 31. März 1824. (Döll. XV. S. 822. § 291; XIII. S. 759.)

Die polizeiliche Aufsicht auf die unehelich geborenen Kinder betr.

1) Allgemeine Pflicht zur Anzeige der Geburten bei der Polizeibehörde des Ortes der Niederkunft; ††)
2) Anzeigepflicht der Vorstände der Gebärhäuser; †††)
3) Ausnahmen bei Bezahlung der Kosten; †*)
4) Eintragung der Geburten in den Gebärhäusern in die Taufbücher der einschlägigen Pfarreien und in die Anstaltsbücher;

---

*) S. jetzt Ziff. 49.

**) Die Bewilligung für das Personal der Stadt- und Landgerichte war bisher von den Bezirksgerichten zu ertheilen. G.-V.-G. v. 10. Nov. 1861. Art. 29. S. jedoch Z. 49. —

***) Vgl. Z. 1. Heft II. A. Z. 4, 5, 9.

†) Vgl. Nachtrag hiezu unter Ziff. 6.

††) Vgl. Ziff. 7, 8, 10, 11, 14, 15, 16, 17, 18, 19, 20, 21, 27, 28, 31, 36. — Siehe P.-St.-G.-B. Art. 53 u. 72 mit V. v. 13. Juni 1862 unten Ziff. 36.

†††) Vgl. Ziff. 10, 14, 15, 30.

†*) Diese Ausnahme ist aufgehoben laut Entschl. Ziff. 30 No. 1.

5) Polizeiliches Vidit der Entlassungsscheine und Erkundigung über das künftige Unterkommen der Kinder; Ausnahmen bei Zahlung;
6) Polizeiliche Sorgfalt für die Kostkinder. *)

6.

Nachträgliche Uebereinkunft mit der Krone Württemberg vom 8. März 1823. (Reg.-Bl. 1825, No. 55, S. 1154—1159.)

Die Bevormundung der in Bayern und Württemberg zugleich begüterten Minderjährigen betr.

Da sich wegen Bevormundung derjenigen Minderjährigen, welche zugleich in Bayern und Württemberg Vermögen besitzen, einige Zweifel ergeben haben, die durch den Inhalt des am 7. Mai 1821 **) zwischen beiden Staaten geschlossenen Jurisdiktionsvertrags nicht ganz bestimmt zu heben waren, so ist man beiderseits über folgende Artikel nachträglich übereingekommen:

Art. 1. Wenn jemand, der im Königreiche Bayern und im Königreiche Württemberg zugleich Vermögen besitzt (es sei ein Mann oder eine Frau, welche als Wittwe vermöge Gütergemeinschaft in dem Vermögen sitzen geblieben war), mit Hinterlassung eines oder mehrerer minderjähriger Kinder stirbt, so ist die Vormundschaft über diese in demjenigen Staate zu bestellen, in welchem der oder die Verstorbene den Wohnsitz gehabt hat.

Art. 2. Der andere der beiden Staaten macht sich verbindlich, alles bewegliche Vermögen, welches der oder die Verstorbene in demselben besessen hat, an diese Vormundschaft auszuantworten, oder zur Verwaltung zu überlassen, und es sollen der Vormund oder die Vormünder auch in Ansehung dieses Vermögens nur allein der sie bestellenden Obrigkeit des Wohnorts Rechnung zu stellen schuldig sein.

Art. 3. Hatte der oder die Verstorbene in demjenigen der beiden Staaten, in welchem sie nicht wohnten, unbewegliches Vermögen, so wird in Ansehung desselben für die Minorennen in diesem Staate auch noch eine Güterkuratel (cura realis) obrigkeitlich bestellt.

Werden in der Folge diese Immobilien in gesetzmäßiger Art ganz oder zum Theile veräußert, verkauft, gegen auswärts gelegene Güter vertauscht u. dergl., so löst sich auch die Güterkuratel in soweit auf, und insbesondere sind die beweglichen Surrogate der veräußerten Güter nach Art. 2 zu behandeln.

Art. 4. Derjenige der beiden Staaten, in welchem eine solche Güter-Curatel zu bestellen ist, macht sich im Voraus verbindlich, den oder die im Staate des Wohnorts aufgestellten, ihm namhaft zu machenden Vormund oder Vormünder auch als Güter-Curator oder Curatoren anzuerkennen unter der Verbindlichkeit der Oberkuratel, über die Verwaltung der dort gelegenen Güter Rechnung zu legen, und deren Genehmigung oder Consens bei Veräußerung, Verpfändung oder Belastung dieser Güter einzuholen. Der in dem einen Staate aufgestellte Vormund ist auf Verlangen gehalten, sich wegen Erfüllung dieser

*) S. Ziff. 29, 30.
**) S. oben Ziff. 4.

Verbindlichkeiten gegen die aufsehende Curatelbehörde des andern Staates an Eidesstatt zu reversiren.

Art. 5. Wenn der Vater oder die Mutter der Minderjährigen einen Wohnsitz in einem jeden der beiden Staaten hatte, so wird die Vormundschaft in demjenigen Staate bestellt, in welchem Er oder Sie gestorben ist, oder sich, wenn der Tod in keinem der beiden Staaten erfolgte, vor dem Ableben zuletzt aufgehalten hat; vorbehaltlich einer besonderen gegenseitigen Uebereinkunft in denjenigen einzelnen Fällen, in welchen nach Bewandtniß der Umstände die Anwendung dieses Grundsatzes unbequem nnd für den Minderjährigen nachtheilig sein könnte.

Wegen Bestellung der Güter=Curatel in dem andern Staate, hat es jedenfalls bei demjenigen, was Art. 2, 3, 4 festgesetzt ist, sein Bewenden.

Art. 6. Hat endlich der oder die Verstorbene im Königreiche Bayern und im Königreiche Württemberg zwar Vermögen, aber in keinem von beiden einen Wohnsitz, so wird in einem jeden der beiden Staaten, ohne Rücksicht auf den andern, eine Güter=Curatel bestellt, vorbehaltlich dessen, was in Staatsverträgen mit demjenigen dritten Staate, in welchem der oder die Verstorbene gewohnt hat, solcher Vormundschaften halber verabredet ist.

Art. 7. Vorstehende Vertrags=Artikel finden auf die Verhältnisse der zur Zeit etwa schon bestehenden und gegenseitig anerkannten Vormundschaften keine nothwendige Anwendung, vielmehr sollen dergleichen Vormundschaften auf die bisher stattgehabte Weise, wenn nicht durch besondere gemeinschaftliche Uebereinkunft eine Abänderung beliebt wird, bis zu deren Beendigung fortgeführt werden.

Gegenwärtige doppelt ausgefertigte von beiderseitigen Bevollmächtigten unterzeichnete nachträgliche Uebereinkunft soll den beiden Allerhöchsten Höfen unverzüglich zur Ratifikation vorgelegt, und die Ratifikations=Urkunden längstens innerhalb 2 Monaten in München gegen einander ausgewechselt werden.

7.

Entschließung des kgl. Staatsministeriums des Innern vom 25. Juli 1825. (R.=Bl. 1825. S. 571. — Döll. VIII. S. 424.)

Die Eintragung unehelicher Kinder in die pfarrlichen Geburtsregister betr.

1) Die Geburten unehelicher Kinder sollen ohne Absonderung, lediglich der Zeitfolge nach in die allgemeinen pfarrlichen Geburtsregister eingetragen werden. *)
2) Es bleibt durchaus untersagt, den Namen des angeblichen Vaters eines unehelichen Kindes ohne dessen Vorwissen und ausdrückliche Einwilligung in das Geburtsregister einzutragen. **)
3) Die Pfarrer sind verbunden, von jeder zu ihrer Kenntniß kommenden unehelichen Geburt, der treffenden Polizeibehörde alsbald die Anzeige zu machen, und dabei besonders zu erwähnen, ob sich der angebliche Vater

---

*) Vgl. Ziff. 5.
**) Vgl. Ziff. 8, 11, 16, 27, 28, 29, 31.

des Kindes vor dem Pfarrer als solcher ausdrücklich bekannt habe oder nicht. *)

4) ꝛc. ꝛc. 5) Bei den besonderen Bestimmungen der in einzelnen Theilen des Königreichs geltenden Gesetzbücher behält es sein Bewenden. —

8.

Justizministerial-Entschließung vom 10. Juni 1826. (Döll. VIII. S. 426.)

Die Eintragung unehelicher Kinder in die pfarrlichen Geburtsregister betr.

ꝛc. ꝛc. Da jedoch die Paternität als richtig anzunehmen ist, folglich auch die Eintragung des Vaters in das Geburtsregister geschehen kann, wenn in einem Paternitätsprozeß der Beklagte durch ein in Rechtskraft übergegangenes richterliches Urtheil ausdrücklich als Vater erklärt ist, oder wenn sich derselbe freiwillig vor Gericht als solcher bekannt hat, so werden sämmtliche Gerichtsbehörden angewiesen, in solchen Fällen den betreffenden Pfarrämtern Auszüge aus diesen Aktenstücken, oder die Paternitätserkenntnisse zu dem Ende mitzutheilen, um auf den Grund derselben die Geburtsregister zu ergänzen. **) —

9.

Entschließung des k. Staatsministeriums des Innern und der Finanzen v. 20. März 1827. (Döll. XVII. S. 741. § 967.)

Bewilligung zur Vormundschaftsübernahme von Seite der Staatsdiener betr.

(Die Verordnung vom 30. September 1819 ***) ist durch die Verordnung vom 17. Dezember 1825, die obersten Kreisverwaltungsstellen betr., nicht abgeändert worden.)

10.

Entschließung des königl. Staatsministeriums des Innern vom 2. März 1829. (Döll. XV. S. 824.)

Die Gebäranstalt in Regensburg betr.

(Vierteljährige Anzeigen der Geburten in der Gebäranstalt zu Regensburg. — Eine beigedruckte Entschließung der königl. Regierung des Regenkreises vom 12. April 1824 regelt das Verfahren bei und nach Aufnahme von Kostkindern bei gedungenen Pflegeeltern †). —

---

*) Vgl. Ziff. 17, 18, 19, 20, 21, 51.

**) Vgl. Ziff. 7 No. 2 und Noten hiezu; dann Ziff. 16, 27, 28, 31, 37, 38, 40, 41, 42, 43, 44, 45. Abth. A. Ziff. 14.

***) S. oben Ziff. 2, 3 und 49.

†) Man vergl. auch die Entschließung der königl. Regierung des Untermainkreises vom 14. Dez. 1821. (Döll. XIII. S. 760.) — Vgl. Ziff. 5, 14, 15, 30.

11.

Entschließung des königl. Staatsministeriums des Innern vom 30. März 1829. (Döll. VIII. S. 427. § 404.)

Die Anzeigen der Geborenen und Gestorbenen betr.

(In den öffentlichen Anzeigen der Geborenen darf der Name der Mutter des unehelichen Kindes nicht aufgeführt werden.) —

12.

Entschließung des königl. Staatsministeriums des Innern vom 11. August 1830. (Döll. XIII. S. 766. § 577.)

Das Verfahren bei Aufnahme geisteskranker Personen in öffentlichen Verwahrungs- oder Heilanstalten und bei deren Wiederentlassung betr

2c. 2c. Da aber in den meisten Gebietstheilen bestimmte gesetzliche Vorschriften nicht bestehen, nach welchen in dergleichen Fällen eine gerichtliche Wahnsinnserklärung stattzufinden hätte, so ist zwar die Nothwendigkeit polizeilicher, jede willkürliche Beschränkung der persönlichen Freiheit abwendender Anordnungen unbestreitbar gegeben; diese Anordnungen können jedoch nur das Verhalten der Polizei- und Verwaltungsbehörden bestimmen, nicht aber den Gerichten ein Verfahren vorzeichnen, welches den zur Zeit bestehenden Gesetzen fremd ist. *) —

13.

Auszug aus dem Landrathsabschiede für den Rezatkreis vom 19. Oktober 1832. Ziff. VI. No. 12. (R.-Bl. 1832. S. 821. Döll. XII. S. 488. XIII. S. 762.)

Das Erkenntniß über die Alimentationspflicht der Väter unehelicher Kinder und über das Maß dieser Alimentation ist ein Gegenstand der Civilrechtspflege und der den Gerichten obliegenden Subsumtion der einzelnen Fälle unter die bestehenden Gesetze; eine nähere Bestimmung des Maßes der abzureichenden Alimente aber kann nur im gesetzlichen Wege getroffen werden. **)

14.

Entschließung des königl. Staatsministeriums des Innern vom 24. Januar 1835. (Döll. XV. S. 826. § 294, 295.)

Die gerichtliche Aufsicht auf die außerehelich geborenen Kinder betr.

Durch die bürgerlichen Gesetze ist den Gerichten zur besonderen Pflicht gemacht, für die außerehelich geborenen Kinder alsbald Vormünder zu bestellen 2c.

*) Vgl. P.-St.-G.-B. Art. 137. Abs. 2 (oben Heft II. C. 17.) Bezüglich der ärztlichen Zeugnisse vergl. die R.-A. v. O.-B. v. 29. Nov. 1815. (K.-A.-Bl. 1815. S. 1091) und die Satzungen der einzelnen Kreisirrenanstalten, welche in den Kreisamtsblättern abgedruckt sind.

**) Vgl. Ziff. 8, 40, 41 und Abth. A. Ziff. 14; dann die gerichtlichen Entscheidungen im folgenden Hefte IV. —

Deßhalb haben die Vorsteher von Gebärhäusern oder sonstigen Anstalten, in welchen Entbindungen stattfinden, ohne Ausnahme, der Gerichtsbehörde erster Instanz des Bezirks, wo sich solche Anstalten befinden, wöchentliche Ausweise über die in der betreffenden Anstalt vorgekommenen außerehelichen Geburten und Todesfälle zu übergeben. *) —

15.

Justizministerial-Entschließung vom 16. Juli 1835. (Döll. XV. S. 828. § 296.)

Die gerichtliche Aufsicht auf die außerehelich geborenen Kinder betr.

Anliegend folgen:

a) eine im untenstehenden Betreffe am 15. Febr. d. Js. **) von dem königl. Staatsministerium des Innern an sämmtliche Kreisregierungen diesseits des Rheins erlassene Entschließung, und

b) die Formulare, nach denen die Vorsteher von Gebärhäusern oder sonstigen Anstalten, in welchen Entbindungen stattfinden, die den Gerichtsbehörden erster Instanz des betr. Polizeibezirkes wöchentlich zuzustellende Ausweise einzurichten haben. ***) —

Diese Gerichtsbehörden erster Instanz sind anzuweisen, hinsichtlich derjenigen Mütter, welche gegen Bezahlung, auf eigene oder fremde Rechnung, in die Gebärhäuser oder sonstige Entbindungsanstalten aufgenommen sind, den Heimatsgerichten die geeignete Mittheilung zu machen, indem von allen übrigen Fällen die Heimatsgerichte ohnehin durch die betreffenden Polizeibehörden unmittelbar Kenntniß erlangen. †)

Von selbst versteht es sich übrigens, daß von allen Unterbehörden rücksichtlich der Mütter außerehelich geborner Kinder und ihrer Familien allenthalben die äußerste Schonung des Ehr- und Zartgefühles zu beobachten und auch zu keiner Verletzung desselben durch Dritte irgend ein Anlaß zu geben sei.

16.

Entschließung des königl. Staatsministeriums des Innern vom 4. Dezember 1837. (Döll. VIII. S. 429.)

Die Geburtsnamen der von den Wittwen außerehelich geborenen Kinder betr.

(Zur Sicherstellung etwa vorhandener ehelicher Deszendenz sind die von den Wittwen späterhin außerehelich geborenen Kinder vorläufig und bis zur rechtsgenüglichen Ermittelung des Vaters in den Taufbüchern nicht unter dem

---

*) Vorstehende Entschließung wurde erneuert durch Min.-Entschl. vom 15. Februar 1835 mit dem Beifügen, daß die wöchentlichen Ausweise nach den Formularien einzurichten seien, welche den Anstalten von den bereits entsprechend benachrichtigten Gerichten werden mitgetheilt werden. — (Döll. XIII. S. 762) Vergl. Ziff. 5, 10, 15, 30. — Die Mittheilungen der Gebäranstalten an die Gerichte haben wieder zu unterbleiben s. Z. 30. —

**) S. Ziff. 14 Note. —

***) Die beiden Formulare s. Döll. Bd. XV. S. 829, 830.

†) Vgl. Ziff. 5, 10, 14, 30.

der Mutter in Gemäßheit der früheren Ehe gebührenden Familiennamen, sondern immer nur unter dem von ihr im unverheiratheten Stande geführten Geburtsnamen umsomehr einzutragen, als solchen Kindern offenbar keine Rechte an der Familie zustehen, in welche die Mutter durch die mit dem Tode des Ehegatten aufgelöste Ehe eingetreten war. *) —

17.

Justizministerial-Entschließung v. 14. Mai 1838 (u. v. 10. Aug. 1835.) (Döll. VIII. S. 437.)

Die pfarramtlichen Anzeigen der Geburts- und Sterbfälle an die Gerichte betr.

(Die Pfärrämter haben den Gerichten nur einfache, (nicht detaillirte) Geburts- und Todesanzeigen zu erstatten, wogegen die Ausstellung förmlicher Auszüge aus den Pfarrbüchern dem Ansuchen der Parteien oder der Requisition der Gerichte gegen Entrichtung der Tax- und Stempelgebühren vorbehalten ist. **)

18.

Entschließung der königl. Regierung von Oberbayern K. d. J. v. 13. April 1839. (K.-J.-Bl. v. O.-B. 1839. S. 437.)

Die gerichtliche Aufsicht auf die außerehelich geborenen Kinder betr.

Schon durch die allerhöchste Verordnung vom 25. Juli 1825 über die Eintragung der unehelichen Kinder in die pfarrlichen Geburtsregister (R.-Bl. 1825 S. 571) ist den Pfarrern die Verbindlichkeit auferlegt, von jeder zu ihrer Kenntniß kommenden unehelichen Geburt, der treffenden Polizeibehörde (zum Zwecke der erforderlichen Obsorge für die unehelich Geborenen) alsbald Anzeige zu machen; dieser Obliegenheit wird jedoch keineswegs allenthalben gehörig nachgekommen, sondern es wird vielmehr durch längere Verzögerung solcher Anzeigen, und nicht selten durch ihr gänzliches Unterbleiben Veranlassung gegeben, daß die Alimentationspflichtigen, um sich dieser Pflicht zu entziehen, ihren Aufenthalt, ohne den Heimathsbehörden davon Nachricht zu geben, verändern, wodurch die Pflegschaftsbestellung den Gerichten um vieles erschwert ist, und häufig auch die betreffenden Armenfonds bei der aufhabenden eventuellen Alimentationspflicht benachtheiliget werden.

Um diesem Mißstande zu begegnen, sieht sich die unterfertigte Stelle veranlaßt, unter Bezugnahme auf die allerhöchste Verordnung und in gleichmäßiger Anwendung der generalisirten k. Ministerial-Entschließung v. 15. Februar 1835

---

*) Vgl. Ziff. 7, 8, 11, 16, 27, 28, 29, 31, 38, 42, 43, 44, 45.

**) Nach der lithogr. M.-E. v. 11. Juni 1841 haben die Pfarrämter monatlich den einschlägigen Gerichten in tabellarischer Form die in ihren Pfarrbezirken vorgekommenen Geburten und Sterbfälle unehelicher Kinder unter Beifügung des Taufnamens, des Tages der Geburt oder des Todes des Kindes, dann des Tauf- und Zunamens der Mutter und ihres Wohnortes anzuzeigen. (Rosenkrantz S. 86.) Man vergleiche übrigens bezüglich der Geburts-Anzeigen Ziff. 18, 19, 20, 21, 51 und bezüglich der Todesanzeigen unten Ziff. 19, 20, 21, insbesondere 47 und 51.

(Döll. XV. S. 827 *), die sämmtlichen Pfarrämter, Vikariate und Exposituren von Oberbayern hiemit anzuweisen, von jeder zu ihrer Kenntniß kommenden, im Laufe eines Monats in ihrem Bezirke vorfallenden außerehelichen Geburt am Schlusse desselben jedesmal sogleich der Gerichtsbehörde des treffenden Polizeibezirks Anzeige zu erstatten, und dabei ausdrücklich zu erwähnen, ob sich der angebliche Kindesvater als solcher vor dem Pfarrer bekannt habe oder nicht.

Zur Erzielung einer Gleichheit in diesen Anzeigen ist sich, insoferne nicht schon entsprechende Tabellen in einzelnen Bezirken von den Behörden eingeführt sind, des nachstehenden Formulares zu bedienen. Im Falle keine außereheliche Geburt im Laufe eines Monats in einem Pfarrbezirke stattfindet, ist mit dem Ablaufe desselben die hiefür gebotene Fehlanzeige gleichfalls ohne Verzug zu erstatten. **)

ꝛc. ꝛc.

Ausweis
der im Monate . . . . 18 . . im Bezirke der (Pfarrei, Expositur ꝛc. N.) außerehelich geborenen Kinder.

Nro.	Mutter: Vor- u. Zuname, Alter, Religion, Stand oder Gewerbe der Eltern.	Vater des Kindes nach dessen ausdrücklicher Einwilligung.	Geschlecht und Name des Kindes.	Geburtstag des Kindes.	Bemerkungen.

19.

Entschließung des königl. Staatsministeriums des Innern vom 11. Juni 1841 u. 4. Juli 1841. (Rosenkrantz Hdb. d. Pfl. S. 86 Note.)

Die pfarramtlichen Anzeigen über Geburts- u. Sterbefälle unehelicher Kinder betr.

(Die Pfarrämter haben monatlich den einschlägigen Gerichten in tabellarischer Form die in ihren Pfarrbezirken vorgekommenen Geburten und Sterbefälle unehelicher Kinder unter Beifügung des Taufnamens, des Tages der Geburt oder des Todes des Kindes, dann des Tauf- und Zunamens der Mutter und ihres Wohnortes anzuzeigen. ***)

*) S. oben Ziff. 14.

**) Vgl. Ziff. 7, 17, 19, 20, 21, 51.

***) Vgl. Ziff. 7, 17, 18, 20, 21, 51. Bezüglich der Sterbefälle s. Ziff. 17, 20, 21 und insbesondere 47. Die Verpflichtung der Pfarrämter zur Anzeige der Sterbefälle unehelicher Kinder muß durch die Min.-Entschließung vom 26. November 1866 (unter Ziff. 47) als aufgehoben betrachtet werden, da der Zweck, die Erledigung der Pflegschaften herbeizuführen, durch die Anzeige der Ortspolizeibehörde vollkommen erreicht wird. — Diese Ansicht des Herausgebers hat nachträglich ihre authentische Bestätigung erhalten durch die Ministerial-Entschließung vom 23. Febr. 1869 s. unten Ziff. 51. —

20.

Ausschreiben der k. Regierung von Oberbayern v. 13. Juli 1841. (K.=J.=Bl. f. O.=B. 1841. S. 793.)

Die pfarramtlichen Anzeigen über Geburts= u. Sterbefälle unehelicher Kinder betr.

In Folge höchsten Reskriptes vom 4. l. Mts. wird das mitfolgende Formular für die von den Pfarrämtern an die Gerichte zu erstattenden tabellarischen Anzeigen über die Geburts= und Sterbefälle unehelicher Kinder mit dem Auftrage mitgetheilt, die im Polizeibezirke befindlichen Pfarrämter, Vikariate und Expposituren darauf, sowie wiederholt auf die Ausschreibung der unterfertigten Stelle vom 13. April 1839 (J.=Bl. 1839 S. 437 *) mit dem Auftrage hinzuweisen, daß die nach Ablauf eines jeden Monats in demselben sich ergebenden Geburts= und Sterbefälle unehelicher Geburten (?) von nun an nur nach diesem Formulare den betreffenden Gerichten anzuzeigen seien. **) —

Verzeichniß

der in der Pfarrei N. im Monate . . . . . 18 . . unehelich geborenen (gestorbenen) Kinder.

Fortl. Nro.	Taufname des Kindes.	Zeit der Geburt. „ des Todes. Jahr.	Mon.	Tag.	Tauf= und Zuname der Mutter.	Wohnort derselben.	Stand derselben.	Bemerkungen.

21.

Ausschreiben der königl. Regierung von Oberbayern vom 26. August 1841. (K.=J.=Bl. f. O.=B. 1841. S. 976.)

Die pfarramtlichen Anzeigen über Geburts= u. Sterbefälle unehelicher Kinder betr.

Es ist von einer Polizeibehörde die Anfrage gestellt worden, ob nicht in der Rubrik 5 der Tabelle zur Ausschreibung vom 13. Juli l. Js. (J.=Bl. S. 793) statt des Wohnortes der Mutter eines außerehelichen Kindes vielmehr der Heimathsort derselben eingezeichnet werden soll.

Hierauf wird erwidert, daß die Ausfüllung der fraglichen Tabelle zunächst eine Aufgabe der Pfarrämter, Vikariate und selbständigen Expposituren ist, und in dem Geschäftskreise dieser Kirchenämter die Würdigung der Heimathsfragen nicht liegt.

---

*) S. oben Ziff. 18.

**) Vgl. Ziff. 7, 17, 18, 19, 21, 51, und bezüglich der Sterbfälle Ziff. 17, 19, 21, und insbesondere 47 u. 51.

Da indeß die Kenntniß des Heimathsortes jeder Mutter eines außerehelichen Kindes von einflußreichem Belange ist, und derselbe, wenn er nicht schon notorisch ist, oder durch die Pflegschaftsbestellung bekannt wird, ohnehin durch Offizialrecherche ermittelt werden muß, so werden die in der Aufschrift genannten Polizeibehörden hiemit beauftragt, den Heimathsort solcher Mütter in der für Bemerkungen gegebenen letzten Rubrik der Tabelle selbst nach dem Resultate einzutragen, welches sich aus der Notorietät, Pflegschaftsbestellung, oder der deßfalls anzustellenden Offizialrecherche ergibt. *)

22.

Ausschreiben des k. Appellationsgerichts von Oberbayern vom 27. Dezember 1843. (K.=J.=Bl. 1844. S. 22.)

Gerichtliche Mittheilung über eingeklagte oder durch Vergleich übernommene Alimentationsverbindlichkeiten der Gendarmen gegen außereheliche Kinder betr.

Da die Disziplin der Gendarmen von ihren ökonomischen Verhältnissen wesentlich abhängt, es deßwegen nothwendig ist, daß das Gendarmerie=Corps=Commando von den eingeklagten oder im Vergleichswege protokollirten Alimentationsverbindlichkeiten derselben Kenntniß erhalte; so werden in Gemäßheit einer höchsten Entschließung des k. Justizministeriums vom 12. l. Mts. sämmtliche Untergerichte in Oberbayern angewiesen, dem treffenden Gendarmerie=Compagnie=Commando, wann gegen Unteroffiziere oder Gendarmen Alimentationsverbindlichkeiten für außerehelich erzeugte Kinder eingeklagt oder von denselben im Vergleichswege übernommen werden, hievon Nachricht zu geben. **) —

23.

Ausschreiben des k. Appellationsgerichts von Oberbayern vom 9. Februar 1844. (K.=J.=Bl. 1844. S. 257.)

Die religiöse Erziehung der Kinder durch deren Vormünder betr.

Da zur Kenntniß des k. Justizministeriums gekommen ist, daß bei gerichtlicher Bestellung von Vormündern auf die Verschiedenheit des Glaubens derselben von jenem der Pflegbefohlenen nicht immer eine der Natur der Sache angemessene Rücksicht genommen wird, die Religion aber der vorzüglichste Gegenstand der Erziehung der Kinder ist, und nur der Vormund des nemlichen Glaubensbekenntnisses das Recht der ihm zustehenden Ueberwachung der religiösen Erziehung eines Pflegbefohlenen am wirksamsten ausüben, sowie die ihm hierin obliegenden Pflichten am vollständigsten erfüllen kann; so werden gemäß einer höchsten Entschließung vom 3. des l. Mts. ***) sämmtliche Untergerichte in Oberbayern angewiesen, bei der Wahl und Bestellung der Vormünder, soweit solches mit

---

*) Vgl. Ziff. 7, 17, 18, 19, 20, 51, u. bezügl. der Sterbefälle Ziff. 17, 19, 21, und insbes. Ziff. 47 u. 51.

**) Vgl. Ziff. 24 und die Org.=Verordn. für die Gendarmerie vom 24. Juli 1868.

***) Diese J.=M.=E. v. 3. Febr. 1844 ist abgedruckt in Döll. XXIII. S. 32 und in der Abtheil. C dieses Heftes Ziff. 26. Man sehe auch Ziff. 26 unten.

den bürgerlichen Gesetzen vereinbar ist, möglichst darauf Bedacht zu nehmen, daß dieselbe mit den zu Bevormundenden dem gleichen Glaubensbekenntnisse angehören. —

24.

Ausschreiben des k. Appellationsgerichtes von Oberbayern vom 20. März 1844. (K.=J.=Bl. 1844. S. 487.)

Gerichtliche Mittheilung über Alimentations-Verbindlichkeiten der bei der Zollgrenzwache Bediensteten betr.

Unter Bezugnahme auf das Ausschreiben vom 27. Dezember vor. Jrs. (K.=J.=Bl. 1844. S. 22) ꝛc. werden gemäß einer höchsten Entschließung des k. Justizministeriums vom 5. l. Mts. die sämmtlichen Untergerichte in Oberbayern angewiesen, da die Zollgrenzwache in Bezug auf Oekonomie und Disziplin der Gendarmerie gleichgestellt ist, dem treffenden Hauptzollamte über jede eingeklagte oder durch Vergleich übernommene Alimentationsverbindlichkeit der Grenzwach=Bediensteten (Oberaufseher zu Pferd und zu Fuß und Aufseher) gegen außereheliche Kinder Nachricht zu geben. *) —

25.

Ausschreiben des k. Appellationsgerichts von Oberbayern vom 31. August 1847. (K.=J.=Bl. 1847. S. 1294.)

Die Correspondenz der Gerichte mit den belgischen Gerichtshöfen betr.

Gemäß höchster Justizministerial=Entschließung vom 24. August dß. Jrs. wird den sämmtlichen Justizstellen des Kreises eröffnet, daß bei unehelichen Kindern gemäß des in Belgien geltenden französichen Rechts (Cod. civ. Art. 340) die Erforschung der Vaterschaft verboten ist, und daher deßfallsige Ansprüche von Müttern unehelicher Kinder bei den belgischen Gerichten nicht weiter verfolgt werden können.

Ebenso wird denselben ferner eröffnet, daß die belgischen Gerichtshöfe sich mit Erledigung von gerichtlichen Requisitionen in reinen Privatangelegenheiten nicht befassen, sondern in allen solchen Fällen die klagende oder sonst implorirende Partei zur Durchführung ihrer Rechtsangelegenheit einen eigenen Anwalt in Belgien zur Wahrung ihres Interesses aufzustellen habe. **)

26.

Ausschreiben des k. Appellationsgerichts von Oberbayern vom 16. Mai 1848. (K.=J.=Bl. v. 1848. S. 764.)

Die Bevormundung minderjähriger Kinder betr.

Durch höchste Entschließung des k. Staatsministeriums der Justiz vom 9. l. Mts. ist die Ministerialentschließung vom 3. Februar 1844, durch welche

---

*) Vgl. Ziff. 22.
**) Vgl. Abth. A. Ziff. 6. VIII.

die Gerichte angewiesen worden sind, in allen Fällen gerichtlich zu bestellender Vormünder bei der Wahl derselben, soweit es mit den bürgerlichen Gesetzen vereinbarlich, möglichst darauf Bedacht zu nehmen, daß die vom Gerichte beizugebenden Vormünder dem Glaubensbekenntnisse der zu Bevormundenden angehören, dahin erläutert, daß die möglichste Berücksichtigung der Gleichheit des Glaubensbekenntnisses Ausnahmen nicht ausschließe, und diese dann eintreten können, wenn sie durch das besondere Vertrauen der Verwandten des Minderjährigen, oder durch die Beschaffenheit des Charakters des vorgeschlagenen Vormunds oder durch sonstige besondere Umstände gerechtfertigt erscheinen.

Sämmtliche Gerichte von Oberbayern werden hievon in Kenntniß gesetzt. *)

27.

Entschließung des k. Staatsministeriums des Innern vom 2. Juli 1848. (Döll. XXIII. S. 116.)

Die Eintragung unehelicher Kinder in die pfarrlichen Geburtsregister betr.

(Das Normativ v. 25. Juli 1825 (R.=Bl. 1825. S. 571 **) wird mit dem Anhange in Erinnerung gebracht,

1) daß nach den Bestimmungen des gemeinen, wie des bayerischen Landrechtes uneheliche Kinder dem Stande der Mutter folgen, sohin auch deren Namen zu führen haben; ***)

2) daß der Nachweis der Paternität hinsichtlich des außerehelichen Vaters hierin eine Aenderung nicht hervorbringe;

3) daß hinsichtlich der Wirkungen der Legitimation, Adoption und Arrogation die an den betreffenden Orten geltenden zivilrechtlichen Bestimmungen zu entscheiden haben; †)

4) daß nach den Bestimmungen des allgemeinen Staatsrechts und einem speziellen bayerischen Mandate vom 12. März 1677 (Döll. V.=S. Bd. III. S. 391 ††) eine Namensänderung ohne landesherrliche Genehmigung unstatthaft sei; †††)

5) daß durch das k. Staatsministerium der Justiz den Gerichten die Weisung zugehen wird, über erfolgte Adoptionen und Arrogationen oder landesherrliche Legitimationen mit allerhöchster Bewilligung einer Namensänderung an die k. Pfarrämter jedesmal ungesäumt Mittheilung zu machen. †*)

---

*) Man sehe oben Ziff. 23 und in der Abtheil. C Ziff. 26.
**) S. oben Ziff. 7.
***) Vgl. Ziff 8, 11, 16, 27, 28, 29, 31.
†) S. Z. 28, 51.
††) Dieses Mandat lautet: Namensveränderung betreffend. Es gebührt Niemand im Lande, seinen angebornen Namen ohne landesfürstliche Consens eigenmächtig zu verändern. Dahero solches dem N. N. alles Ernstes zu verweisen ist. (M.=G.=S. v. J. 1788. Bd. III. S. 131.) —
†††) Vgl. Ziff. 8, 16, 28, 31, 38, 42, 43, 44, 45.
†*) Vgl. Ziff. 28, 37, 42 Abth. A Ziff. 2.

28.

Ausschreiben der k. Regierung von Oberbayern, K. d. J., vom 27. März 1849. (Intelligenzblatt f. Oberb. v. J. 1849. S. 449.)

Die Eintragung unehelicher Kinder in die pfarrlichen Geburtsregister betr.

Im Namen ꝛc. ꝛc.

Es ist zur Anzeige gekommen, daß nicht nur einige Pfarrämter bei Eintragung der Namen unehelicher Kinder in die pfarrlichen Geburtsregister ganz willkürlich und den Vorschriften des Normatives vom 25. Juli 1825 (Reg.=Bl. S. 571)*) entgegenhandeln, sondern daß auch Schulinspektionen, ja die Lehrer sich erlauben, die Namen dieser Kinder abzuändern.

In Folge einer demgemäß ergangenen Entschließung des k. Staatsministeriums des Innern vom 2. Juli v. Js. sieht sich die unterfertigte Stelle nach vorgängigem Benehmen mit den kirchlichen Oberbehörden veranlaßt, vor allem sämmtlichen katholischen und protestantischen, mit der Führung der Civilstandregister betrauten Pfarrämtern, Curatien und Vikariaten von Oberbayern das obenerwähnte Normativ zur genauesten Darnachachtung, unter Bezugnahme auf das Regierungs-Ausschreiben vom 5. August 1825 (Intelligenzbl. S. 595) mit dem Anhange in Erinnerung zu bringen:

1) daß nach den Bestimmungen des gemeinen wie des bayerischen Landrechtes, uneheliche Kinder dem Stande der Mutter folgen, sohin auch deren Namen zu führen haben; **)
2) daß der Nachweis der Paternität hinsichtlich des außerehelichen Vaters hierin eine Aenderung nicht hervorbringe; —
3) daß hinsichtlich der Wirkungen der Legitimation, Adoption und Arrogation die an den betreffenden Orten geltenden civilrechtlichen Bestimmungen zu entscheiden haben; ***)
4) daß nach den Bestimmungen des allgemeinen Staatsrechts und einem speziellen bayerischen Mandate vom 12. März 1677 (Döll. Verord.=Samml. Bd. III. S. 391) eine Namensveränderung ohne landesherrliche Genehmigung unstatthaft sei;
5) den Gerichten von Seiten des k. Staatsministeriums der Justiz die Weisung zugegangen sei, über erfolgte Adoptionen und Arrogationen oder landesherrliche Legitimationen mit allerhöchster Bewilligung einer Namensänderung an die Pfarrämter ungesäumt Mittheilung zu machen. †)

In gleicher Weise werden auch sämmtliche Lokalschulinspektionen des Kreises an die pünktlichste Beobachtung der erwähnten Vorschriften mit dem besonderen Auftrag gemahnt, etwaigen Uebertretungen derselben von Seiten der übrigens hievon in Kenntniß zu setzenden Lehrer mit aller Entschiedenheit entgegenzutreten.

---

*) S. Ziff. 7.
**) Vgl. Ziff. 7 u. Noten, dann bezüglich der Namensänderung Ziff. 8, 16, 27, 31, 38, 42, 43, 44, 45.
***) S. Ziff. 27, 51.
†) Vgl. Ziff. 27, 37, 42. Abth. A Ziff. 2.

Die k. Distriktspolizeibehörden und Distrikts=Schulinspektionen, beziehungsweise Lokal=Schulkommissionen aber haben den entsprechenden Vollzug dieser Anordnungen zu überwachen.

29.

Ausschreiben der k. Regierung von Oberbayern, K. d. J., vom 21. April 1849. (Intelligenzbl. v. Oberb. S. 601.)

Aufsicht auf die unehelichen und sogenannten Kostkinder betr.

Die unterfertigte Stelle hat vielfach wahrgenommen, daß den unehelichen und insbesondere den sogenannten Kostkindern die gebührende Aufmerksamkeit von Seite vieler Polizeibehörden und Armenpflegen nicht zugewendet wird, und sieht sich daher in Anbetracht der beklagenswerthen Folgen, welche die Verwahrlosung dieser Kinder mit sich führt, veranlaßt nachstehende Bestimmungen wiederholt einzuschärfen und entsprechend zu ergänzen.

I. Die Obliegenheiten der Polizeibehörden in Ansehung der unehelichen Kinder umfassen die Sorge für die Sicherstellung ihres Familienstandes, ihres Heimathsrechtes und für die Ermittlung ihres Unterhalts, dann die Aufsicht auf ihre Erziehung und Zuwendung des nothwendigen Unterrichts.

Sobald daher die Anzeige einer unehelichen Geburt, zu deren Erstattung die Pfarrämter nach der Verordnung vom 25. Juli 1825 Ziff. 3 (Reggs.=Bl. S. 573) *) verbunden sind, eintrifft, haben die Polizeibehörden vor Allem die Heimathsverhältnisse des Kindes zu prüfen und falls ein Zweifel hierüber obwalten sollte, die erforderlichen Recherchen einzuleiten, sodann aber für die Aufstellung eines Vormundes Sorge zu tragen, und diesen in Ausübung seiner Pflichten und der ihm von der Vormundschaftsbehörde ertheilten Aufträge kräftigst zu unterstützen.

Zur Vermeidung der sich ergebenden Anstände im Betreffe des Heimathsrechtes sind auswärtige Personen, welche ihre Niederkunft im Bezirke abzuwarten wünschen, Aufenthaltsbewilligungen nur dann zu ertheilen, wenn sich dieselben über ihre Heimaths= und Subsistenz=Verhältnisse gehörig ausgewiesen haben.

Den Gemeindevorstehern ist durch die Instruktion zur Handhabung der Dorf= und Feldpolizei vom 28. Dezember 1835 I. Theil § 10 ohnedem zur Pflicht gemacht, Personen und namentlich Schwangere, deren Heimath zweifelhaft oder nicht nachgewiesen ist, den Polizeibehörden zur weitern Verfügung anzuzeigen.

Deßgleichen haben dieselben die Obliegenheit, ihre Erfahrungen über Verheimlichungen der Schwangerschaft oder Niederkunft der vorgesetzten Polizeibehörde mitzutheilen. **) —

II. Den Lokalarmenpflegen ist durch Art. 33 und 46 der allerhöchsten Verordnung vom 17. November 1816, das Armenwesen betreffend, dann § 39

---

*) S. oben Ziff. 7.

**) Ueber Aufenthalt und Heimath sind nunmehr das P.=St.=G.=B. und die neuen Sozialgesetze maßgebend, daher die obigen Bestimmungen abgeändert sind. —

Ziff. 3, 4, 8, 10 und 15 der Vollzugsbestimmungen hiezu vom 24. Dez. 1833 die Pflicht auferlegt, alle Kinder, deren sittliches oder physisches Verderben zu befürchten steht, unter ihre Obhut zu nehmen, deren ordentliche Pflege, Erziehung und Schulbesuch zu bewirken, und bei allenfallsigem fruchtlosen Erfolge gütlicher Ermahnungen die verwahrlosten Kinder in öffentlichen Anstalten oder bei würdigen Familien zur Pflege und Erziehung unterzubringen. Letzteres hat insbesondere dann zu geschehen, wenn die Mütter solcher Kinder unter dem Vorwande des Pflegens derselben sich dem Müssiggange und Bettel ergeben und auch die Kinder hieran gewöhnen oder wohl gar hiezu anhalten. Da die Armenpflegen für die hiedurch erlaufenden Kosten nur subsidiär zu haften haben, so sind die Polizeibehörden verpflichtet, mit allem Nachdrucke auf Feststellung und Beitreibung der gesetzlichen Alimentationsbeiträge von Seite der Väter solcher Kinder bei den Gerichten zu dringen. Die Distriktsarmenpflegen haben gemäß § 61 f. f. der vorerwähnten Vollzugsbestimmung über das Armenwesen das Wirken der Lokalarmenpflegen zu prüfen und zu würdigen.*)

III. Eine besondere Aufmerksamkeit und Fürsorge erheischen die sogenannten Kostkinder, namentlich diejenigen, welche aus andern Bezirken, meistens aus Städten in Kost und Pflege gegeben werden.

Da die Verwahrlosung solcher Kinder von Seite der natürlichen wie der Pflegeältern am häufigsten eintritt, so werden nachstehende Bestimmungen hierüber getroffen:

1) Wer ein Kind in Kost und Pflege aufzunehmen wünscht, hat die Bewilligung seiner vorgesetzten Polizeibehörde — in der Stadt München der k. Polizeidirektion — hiezu einzuholen.**)

2) Dem deßfallsigen Gesuche ist:
   a) ein Zeugniß der Gemeindeverwaltung und Armenpflege über den Leumund und die sonstigen zur ordentlichen Pflege und Erziehung eines fremden Kindes erforderlichen Eigenschaften der Pflegeältern,
   b) der vorschriftsmäßig gefertigte Heimatschein des Kindes, dann
   c) die Einwilligung des Vormunds und der Vormundschaftsbehörde desselben und
   d) der Nachweis über die Bestreitung des erforderlichen Kostgeldes beizulegen.
   (e) ein ärztliches Gesundheitszeugniß nach R.-A. vom 17. März 1851. Kr.-A.-Bl. S. 467.)

3) Wird die Bewilligung zur Aufnahme des Kindes von der Polizeibehörde ertheilt, so ist dieß der Gemeindeverwaltung und Armenpflege zur Erfüllung der ihnen obliegenden Verpflichtungen zu eröffnen, und sind anbei die vorbezeichneten drei Gesuchsbeilagen dem Gemeindevorsteher zur Aufbewahrung zuzuschließen.

4) Glaubt die Polizeibehörde jedoch die Bewilligung verweigern zu

---

*) Ueber die öffentliche Armenpfl. s. nun das Gesetz v. 29. April 1869 (Heft II. C. 26.)
**) Vgl. P.-St.-G.-B. Art. 73 im II. Hefte.

müssen, so ist dieß nicht nur dem Gesuchsteller, sondern auch der Vormundschaftsbehörde des Kindes unter Anführung der Gründe zu eröffnen.

5) Die Gemeindevorsteher haben über alle in ihrem Bezirke befindlichen Kostkinder ein Verzeichniß anzulegen, worin Name, Tag und Ort der Geburt und die Heimath des Kindes, dann Name und Stand der natürlichen, wie der Pflegeältern und der Tag der Aufnahme bei den letzteren einzutragen ist.

6) Dieses Verzeichniß, welches stets evident gehalten werden muß, ist alle Vierteljahr der Lokalarmenpflege zur Einsicht und allenfallsigen weiteren Verfügung vorzulegen, von den Polizeibehörden aber bei den durch die Ausschreibung vom 5. Juni 1845 angeordneten Gemeinde-Visitationen einzusehen und zu prüfen, und hierüber bei § 35 des Visitationstagebuchs geeignete Bemerkung einzutragen. Ebenso haben dieselben bei Schulprüfungen auf die Verhältnisse dieser Kinder besonders Bedacht zu nehmen.

7) Die Gerichts- sowie die aufgestellten Armen- und praktischen Aerzte haben von diesem Verzeichnisse mindestens zweimal des Jahres Einsicht zu nehmen, die Pflege und sonstige Behandlung der Kostkinder zu prüfen, und wahrgenommene Vernachlässigungen den Polizeibehörden anzuzeigen.

8) Vorstehende Bestimmungen treten sogleich in Wirksamkeit und sind daher alle jene, welche bereits Kostkinder angenommen haben, aufzufordern unter Vorlage der oben bezeichneten Zeugnisse die nachträgliche Genehmigung hiefür einzuholen.

IV. Sämmtliche Polizeibehörden haben hienach die untergebenen Gemeindeverwaltungen und Armenpflegen, sowie das ärztliche Personal geeignet anzuweisen, die Thätigkeit der Organe unausgesetzt zu überwachen, und mit allem durch die Wichtigkeit der Sache bedingten Eifer auf die Verbesserung des Looses der unehelichen und Kostkinder hinzuwirken.

30.

Entschließung des königl. Staatsministeriums des Innern vom 18. November 1852. (Döll. XXIX. S. 360.)

Die polizeiliche Aufsicht auf die unehelich geborenen Kinder betr.

„In Erwägung, wie mehrfache und gewichtige Rücksichten es höchst wünschenswerth und nothwendig erscheinen lassen, daß die Polizeibehörden von jeder vorkommenden unehelichen Geburt alsbald Kenntniß erlangen, findet sich das unterzeichnete k. Staatsministerium nach vorausgegangenem Benehmen und im Einverständnisse mit dem k. Staatsministerium der Justiz zu nachstehenden Abänderungen des Ministerialausschreibens vom 31. März 1824,*) die polizeiliche Anfsicht auf die unehelich geborenen Kinder betr., und zu folgenden weiteren Anordnungen veranlaßt:

1) Unter Aufhebung der Nro. 3 des Ministerialausschreibens vom 31. März

*) S. Ziff. 5 oben.

1824 werden die Vorstände der Gebärhäuser und sonstigen Anstalten, in welchen Entbindungen vorkommen, für verpflichtet erklärt, künftighin der Polizeibehörde des Ortes der Anstalt über alle vorgekommene Geburten monatliche Anzeige zu erstatten.

Den bezeichneten Vorständen ist es hiebei anheimgegeben, die Anzeige über jene Geburten, welche wegen des Standes und der Verhältnisse der Mutter oder aus anderen Gründen zur möglichst geringen Oeffentlichkeit gelangen sollen, dem Vorstande der Polizeibehörde in einem besonderen Verzeichnisse zu übergeben.

2) Die der Nro. 6 des genannten Ministerialausschreibens beigefügte Ausnahme ist aufgehoben.

3) Die durch Ministerialausschreiben vom 15. Februar 1835 *) Nro. 3687, die gerichtliche Aufsicht auf die außerehelich geborenen Kinder betr., angeordnete Uebergabe eines wochentlichen Verzeichnisses der in Entbindungsanstalten vorgekommenen außerehelichen Geburten Seitens der Vorstände dieser Anstalten an die Gerichtsbehörde I. Instanz des betreffenden Polizeibezirkes haben von nun an zu unterbleiben. Dagegen hat die Polizeibehörde des Ortes der Entbindungsanstalt der Heimathsbehörde von der Entbindung einer dem Bezirke der letzteren angehörigen unverehelichten Mutter alsbald Kenntniß zu geben und die Heimathspolizeibehörde dem betreffenden Heimathsgerichte weitere Mittheilung zu machen.

4) Sämmtlichen Polizeibehörden wird übrigens die sub Nro. 7 des Ministerial-Ausschreibens vom 31. März 1824 ertheilte Vorschrift zur genauesten Beachtung neuerdings eingeschärft. —

Die k. Regierung, Kammer des Innern, hat hiernach das Weitere zu verfügen. **) —

31.

Justizministerial-Entschließung vom 15. Dezember 1852 an die sämmtlichen Appellationsgerichte diesseits des Rheins. Nr. 1288. (Z. f. G.-G. u. R.-Pfl. Bd. I. S. 6.)

Die Familiennamen der unehelichen Kinder.

Durch die allerhöchste Verordnung vom 25. Juli 1825 (Rggs.-Bl. v. 1825. S. 571) und die Justizministerial-Entschließung vom 10. Juni 1826 sind bezüglich der Eintragung der unehelichen Kinder in die pfarrlichen Geburtsregister die geeigneten Vorschriften gegeben worden. Die Bestimmungen über die Eintragung der Namen der natürlichen Väter wurden hiebei keineswegs zum Zwecke der Uebertragung der Namen derselben auf die außerehelichen Kinder, sondern nur deßhalb getroffen, um den geistlichen Behörden einen Anhaltspunkt für das Bemessen der natürlichen Verwandtschaftsverhältnisse in kirchenrechtlicher Beziehung zu geben.

---

*) S. Ziff. 14 Note.
**) Vgl. Ziff. 5 u. Noten.

Willkührliche Uebertragungen von Namen auf außereheliche Kinder, welche sich im Laufe der Zeit eingeschlichen hatten, veranlaßten die Entschließung des k. Staatsministeriums des Innern vom 2. Juli 1848, durch welche die obenbezeichneten Anordnungen in keiner Beziehung geändert wurden, sondern nur ausgesprochen ward, daß alle unehelichen Kinder den Namen ihrer Mütter zu führen haben, und daß jede Aenderung hieran, auch die Uebertragung des Namens des natürlichen Vaters, ohne landesherrliche Genehmigung unzulässig sei.

Obwohl diese Entschließung des Staatsministeriums des Innern mit Justizministerialentschließung vom 11. Juli 1848 den Gerichten zur statthaften Ueberwachung des Vollzuges mitgetheilt wurde, mußte das Staatsministerium der Justiz aus mehrfachen Einträgen in den Pflegschaftstabellen entnehmen, daß einige Gerichte der Ansicht sind, als dürfe den unehelichen Kindern im Falle der ausdrücklichen Zustimmung der natürlichen Väter der Namen der Letzteren auch ohne landesherrliche Genehmigung beigelegt werden.

Diese Ansicht kann die Billigung des Staatsministeriums der Justiz nicht erhalten.

Sowohl nach gemeinem Rechte, als nach bayerischem und preußischem Landrechte, ist es anerkannte Rechtsregel, daß die außerehelichen Kinder dem Stande der Mutter folgen, also auch deren Namen zu führen berechtigt sind. Dieselben kommen nicht unter die väterliche Gewalt des natürlichen Vaters, können daher auch aus dieser und der Rechtsfiktion der Einheit der Person entspringenden Rechte nicht theilhaftig werden. Insbesondere kann auch aus der patria potestas naturalis, welche sich lediglich auf die im bayerischen Landrechte Thl. I. Kap. IV. § 3 und Anmerkungen hiezu Nro. 1 bezeichneten gegenseitigen Rechte und Pflichten erstreckt, eine rechtliche Wirkung in Bezug auf Führung des Namens nicht gefolgert werden. Wenn früher in einzelnen, bei Gelegenheit der Super-Revision von Pflegschaftstabellen ergangenen Reskripten aus den Jahren 1816, 1819 und 1840 ausgesprochen wurde, daß bei Kindern, welche auf den Familiennamen des außerehelichen Vaters getauft seien, dieser Familienname in der Pflegschaftstabelle angeführt werden solle, so lag solchen Entschließungen, welche nur die Form der Tabellen betrafen, keineswegs die Absicht zu Grunde, bezüglich der Uebertragung von Familiennamen eine Entscheidungsnorm zu geben, da dieser Gegenstand lediglich nach den Zivilgesetzen zu beurtheilen ist.

Hiezu kommt, daß sowohl gemäß allgemeiner staatsrechtlicher Grundsätze, als auch zu dem Zwecke, um Rechtskollisionen zu vermeiden, Mißbräuchen vorzubeugen, und Gefährdung der Rechte der Familienglieder hinsichtlich der Erbs- und Familienansprüche zu begegnen, die eigenmächtige Aenderung der Familiennamen nicht zugelassen werden kann, und in diesem Sinne ist auch durch die Verordnung vom 12. März 1677 (Döllinger's V.-O.-Samml. Bd. III, S. 391 *) untersagt worden, den angeborenen Namen ohne landesherrliche Genehmigung eigenmächtig zu ändern.

Als angeborener Name kann aber bei unehelichen Kindern gemäß der zivilrechtlichen Stellung derselben nur der Name der Mutter erscheinen, und wenn

---

*) S. Ziff. 27.

der Name des natürlichen Vaters auf das Kind übertragen werden soll, so kann dieses nur mittelst Erwirkung der landesherrlichen Genehmigung geschehen.

Eine Abschrift der gegenwärtigen Entschließung ist sämmtlichen Gerichten des Appellationsgerichtsbezirkes zur Darnachachtung bei Behandlung der über außereheliche Kinder künftig zu bestellenden Pflegschaften mitzutheilen.*)

32.

Entschließung des königl. Staatsministeriums der Justiz vom 2. Juni 1855. (Z. f. G.-G. u. Rpfl. Bd. II. S. 131.)

Die Besitzveränderungen bei dem Absterben der Eheleute.

Die Besitzveränderungen bei Absterben von Eheleuten und Fortsetzung des gemeinschaftlichen Haushaltes von Seite des überlebenden Ehegatten und der Kinder wurden von den Gerichten, als Verlassenschaftsbehörden und Hypothekenämtern, insoweit nach den betreffenden Ortes geltenden Rechten ihre Thätigkeit überhaupt einzutreten hatte, nicht gleichförmig behandelt. —

Der Zusammenhang, in welchem das gerichtliche Vorschreiten in diesen Fällen mit der Verpflichtung der Parteien zur Taxentrichtung steht, hat in jüngster Zeit Anfragen veranlaßt.

Zur Beantwortung dieser Anfragen und Herbeiführung eines gleichförmigen Verfahrens wird im Einvernehmen und Einverständnisse mit dem kgl. Staatsministerium der Finanzen den kgl. Appellationsgerichten aufgetragen, die untergebenen Gerichte auf nachstehende, in den bestehenden Gesetzen sich darbietende Anhaltspunkte hinzuweisen:

1) Wenn auf Ableben eines Ehetheiles der überlebende Ehetheil mit den vorhandenen Kindern, oder wenn nach dem Ableben beider Ehegatten die zurückgebliebenen Kinder bei der Verlassenschaftsbehörde erklären, vorläufig und bis zu anderweitiger Bestimmung im ungetheilten Besitze des Anwesens (Grundvermögens) verbleiben und gemeinschaftlich forthausen zu wollen, so ist eine Briefserrichtung hinsichtlich dieser Erklärung nicht erforderlich.

2) Besteht jedoch hinsichtlich solcher im gemeinschaftlichen Genusse verbleibender Realitäten ein Hypothekenfolium, und hat der Todesfall zu Folge des zur Anwendung kommenden ehelichen Güter- und Erbrechtes eine Aenderung des im Hypothekenbuche eingetragenen Besitzverhältnisses bewirkt, so ist nach § 139 des Hypothekengesetzes der Besitztitel auf die an die Stelle des verstorbenen Besitzers tretenden Erben einzutragen, und dieser Eintrag von Amtswegen zu veranlassen.

Denn in solchem Falle erscheint die zu den Verlassenschaftsakten abgegebene Erklärung der Erben gemeinschaftlich forthausen zu wollen, als ein

---

*) Ueber das Verfahren bei Gesuchen um Namensänderungen siehe die Entschließung des k. Staatsministeriums des Innern vom 18. April 1863, die Gesuche um Namensänderungen betr., und die Entschließung des k. Staatsministeriums der Justiz vom 6. Mai 1863 gleichen Betreffs (Zeitschr. f. Gesetzg. und Rechtspflege Bd. X, S. 401). (J.-M.-Bl. Bd. I, S. 33, Nr. 17). S. Ziff. 38.

Vgl. auch Ziff. 8, 16, 27, 28, 38. 42, 43, 44, 45.

Akt, welcher die Wirkung des Antritts, der Annahme der Erbschaft, resp. der Einmischung in die Erbschaft äußert und den Uebergang der Erbschaft mit dem dazu gehörigen Grundvermögen in das Eigenthum der Erben rechtsgiltig dokumentirt.

3) Dieser Besitztitelberichtigung hat die Umschreibung im Grundsteuerkataster und Ausstellung des Umschreibzertifikats von Seite des betreffenden königl. Rentamtes vorauszugehen.

§ 71, 72, 76 des Gesetzes vom 15. August 1828, die allgemeine Grundsteuer betreffend.

4) Weil aber die königlichen Rentämter zu dieser Umschreibung einer gerichtlichen Bestätigung des erbschaftlichen Ueberganges bedürfen, so ist über diesen Uebergang, resp. über die zum gerichtlichen Protokolle konstatirte Erklärung der Erben ein Zeugniß der Verlassenschaftsbehörde auszustellen, welches Zeugniß gemäß § 141 des Hypothekengesetzes auch als Grundlage der hypothekenamtlichen Besitztitelberichtigung dient.

5) Der Besitz eines solchen Zeugnisses kann für die Erben auch in anderen Fällen, wo ein Hypothekenbuchsfolium nicht besteht, nothwendig werden, namentlich wenn Erben, die gemeinschaftlich ererbten, im Steuerkataster auf sie noch nicht überschriebenen Realitäten ganz oder theilweise veräußern wollen und zu diesem Behufe vorerst ihre eigene Sachlegitimation bei dem betreffenden Rentamte wegen des auszustellenden Umschreibezertifikats nachzuweisen verpflichtet sind.

In derartigen Fällen haben die Verlassenschaftsbehörden jedesmal das der Sachlage entsprechende Zeugniß auf Verlangen unweigerlich auszustellen.

6) Von selbst versteht sich, daß bei Ausstellung aller dieser Zeugnisse, von welchen die Erben bei der Produktion an das kgl. Rentamt die Taxe nach Art. 42 und 24 des Taxregulativs vom 28. Mai 1852 zu entrichten haben, auf den gesetzlichen Güterstand gebührende Rücksicht zu nehmen ist.

Es kann daher z. B., wenn ein überlebender Ehegatte, der schon während der Ehe Miteigenthümer des fraglichen Grundvermögens war, mit Kindern konkurrirt, nur der an die Kinder, als Erben des Verstorbenen, wirklich übergegangene Antheil am Grundvermögen Gegenstand des auszustellenden Zeugnisses sein. *)

33.

Entschließung des königl. Staatsministeriums der Justiz vom 16. Januar 1857. (Z. f. G.-G. u. Rpfl. Bd. IV. S. 7.)

Die Art der Inventarisirung bei dem Ableben eines Theilhabers an sogenannten Communwirthschaften betr.

2c. Die Gerichte sind darauf aufmerksam zu machen, daß den Gegenstand der Inventur in Verlassenschaftssachen immer nur der wirkliche Rücklaß des Verstorbenen, nicht aber auch das Vermögen Ueberlebender bilden könne, und daß daher in Todesfällen der obenbezeichneten Art die Inventare in der Weise abzufassen seien, daß bei jedem Titel des Vortrages nur derjenige Betrag,

*) Vergl. Ziff. 33.

welcher den Antheil des Verstorbenen an den betreffenden gemeinschaftlichen Vermögensobjekten repräsentirt, effektiv ausgeworfen, letztere selbst aber (nach ihrem Gesammtwerthe oder Betrage) lediglich erläuterungsweise intra lineas gestellt werden. *)

34.

Entschließung des königl. Staatsministeriums der Justiz vom 9. November 1857. (Z. f. G.-G. u. Rpfl. Bd. IV. S. 468.)

Die Competenz in Verschollenheitssachen betr.

(Durch obige Entschließung wurde ausgesprochen, daß in den Gebietstheilen, in welchen das bayerische Landrecht Geltung hat, die Verschollenheitssachen, insolange nicht wegen des Vorhandenseins kollidirender Prätendenten ein kontradiktorisches Verfahren eintritt, als Gegenstände der nichtstreitigen Rechtspflege zu betrachten sind, und demnach im Hinblicke auf Art. 18 des Gesetzes vom 1. Juli 1856 **), einige Bestimmungen über die Gerichtsverfassung u. s. w. betr., in die Zuständigkeit der Einzelnrichter fallen.)

35.

Bekanntmachung des königl. Staatsministeriums der Justiz vom 1. Juni 1862. (Rggsbl. 1862, S. 961—1074.***)

Die Instruktion zum Vollzuge des Notariatsgesetzes vom 10. November 1861 betr.

§ 56. Wenn einer Urschrift nach Art. 13 und 15 des Notariatsgesetzes gerichtliche Beschlüsse oder Beurkundungen, z. B. die obervormundschaftliche Genehmigung eines Vertrags, die hypothekenamtliche Bestätigung über erfolgte Einträge im Hypothekenbuche beigesetzt sind, oder Beilagen hiezu gehören, so sind bei der Ausfertigung oder Herstellung einer Abschrift von einer solchen Urkunde die Abschriften der gerichtlichen Beschlüsse, Beurkundungen und Beilagen unmittelbar an die Abschrift der Haupturkunde anzureihen, und ist erst am Schlusse die Ausfertigungsformel, beziehungsweise Bestätigung des Gleichlautes beizusetzen.

Auf gedruckte Beilagen einer Notariatsurkunde, z. B. gedruckte Bedingnißhefte, findet diese Vorschrift keine Anwendung; solche Beilagen sind der Ausfertigung beizuheften und besonders zu beglaubigen.

§ 62. (Uebersendung von Notariatsurkunden an die Gerichte.)

Müssen Notariatsurkunden, deren Urschriften von dem Notare aufzubewahren sind, zur Prüfung und Schlußfassung, z. B. zum Zwecke der obervormundschaftlichen Genehmigung oder eines Eintrages im Hypothekenbuche (Art. 12, 13 und

---

*) Der nächste Zweck dieser E., nemlich die richtige Berechnung der Inventurstaxe ist durch die Aufhebung dieser Taxe vermöge § 39. II. 1. des Landt.-Absch. v. 10. Mai 1865 und F.-M.-E. vom 12. Juli 1865 (Hdb. des b. Stb. Supl. III. S. 472) weggefallen. — Vergl. auch Ziff. 32.

**) Nun Art. 18 des Gerichtsverfassungsgesetzes v. 10. Nov. 1861. S. Heft II. C. 14. und die Erkenntnisse in Heft IV.

***) Den Auszug des Gesetzes s. im II. Hefte C. 15.

15 des Notariatsgesetzes) einem Stadt- oder Landgerichte vorgelegt werden, so kann dieß mittels einfacher Note geschehen.

Das Gericht, welches gemäß Art. 13 u. 15 des Notariatsgesetzes seinen Beschluß und gegebenen Falles die Bestätigung des Vollzuges desselben auf die Urschrift zu setzen hat, kann diese, wenn zu einem Schreiben nicht besondere Veranlassung gegeben ist, lediglich unter einem mit dem Gerichtssiegel zu verschließenden Umschlage an den Notar zurücksenden.

§ 64. Notariatsurkunden, welche auf dem Grunde des Art. 11 Abs. 3 des Notariatsgesetzes oder zufolge gerichtlichen Auftrages (Art. 19, 51, 52) aufgenommen worden sind, und Bestandtheile gerichtlicher Akten zu bilden haben, z. B. Inventare, Erklärungen in Verlassenschaften, welche bei Gericht verhandelt werden, Urkunden über Zwangsversteigerungen u. s. w. können, insofern zu einem solchen nicht besondere Veranlassung gegeben ist, auch ohne Begleitschreiben oder Note an das einschlägige Gericht übersendet werden.

In diesem Falle ist eine entsprechende Bemerkung, z. B.:

„Vorstehendes Inventar wird zur Erledigung des Auftrags vom „4. an das kgl. Landgericht N übersendet."

Datum. Unterschrift.

auf die Urkunde selbst zu setzen, und ist die erfolgte Uebersendung der Urkunde an das Gericht unter Anführung des Datums auf dem für die Urschrift einzulegenden Fehlblatte (§ 50) vorzumerken.

§ 81. Soll der Notar einen Vertrag aufnehmen, bei welchem Minderjährige oder unter gerichtliche Curatel gestellte Personen betheiligt sind, so kann er noch vor Errichtung der Vertragsurkunde die die Minderjährigen oder Curanden betreffenden Vertragsbestimmungen im Entwurfe dem zuständigen Stadt- oder Landgerichte zur vorläufigen Prüfung vorlegen oder durch den Vormund, resp. Curator vorlegen lassen, und das Gericht ist verbunden, dem Notar resp. dem Vormund oder Curator die der obervormundschaftlichen Genehmigung der beabsichtigten Vertragsbestimmungen etwa entgegenstehenden Bedenken bekannt zu geben.

§ 101. (Von den den Notaren durch die Gerichte übertragenen Geschäften.)

Bei Geschäften, welche nach Art. 19 und 52 des Notariatsgesetzes den Notare ndurch die Gerichte zu übertragen sind, haben diese bezüglich der Wahl des mit dem Geschäfte zu beauftragenden Notars die übereinstimmenden Anträge der Betheiligten zu berücksichtigen, insoferne nicht besonders erhebliche, den Betheiligten bekanntzugebende Gründe entgegenstehen.

Wird von den Betheiligten ein deßfallsiger Antrag nicht gestellt, oder können sich dieselben bezüglich der Wahl des mit dem Geschäfte zu beauftragenden Notars nicht verständigen, so kann zwar das Gericht irgend einen Notar des Bezirksgerichtssprengels mit dem Geschäfte beauftragen, die Gerichte haben jedoch darauf Bedacht zu nehmen, daß die Vornahme solcher Geschäfte, wenn nicht besondere Gründe zur Wahl eines andern Notars vorliegen, demjenigen Notar übertragen werde, welcher an dem Orte, wo das Geschäft vorzunehmen ist, seinen Sitz hat, oder dessen Sitz diesem Orte am nächsten gelegen ist. Das Nämliche gilt bei Uebertragung von Verlassenschaftsverhandlungen an Notare, wenn nicht schon die Erben einen bestimmten Notar hiefür gewählt haben (Art. 35 des Notariats-Gesetzes), sowie in den übrigen Fällen des Art. 51 des Notariatsgesetzes.

Haben an einem Orte mehrere Notare ihren Wohnsitz, so haben die einschlägigen Gerichte bei Uebertragung solcher Geschäfte, bei welchen weder ein Antrag der Betheiligten bezüglich der Person des Notars vorliegt, noch besondere Gründe zur Wahl eines bestimmten Notars obwalten, auch darauf Rücksicht zu nehmen, daß die Zutheilung in möglichst gleichmäßiger Weise stattfinde.

§ 103. (Inventare.)

Wird in einer bei Gericht anhängigen (Verlassenschafts-Curatel- oder Prozeß-) Sache einem Notar die Aufnahme eines Inventars aufgetragen, so hat das Gericht dem Notare auch die Personen zu bezeichnen, welche zur Aufnahme des Inventars geladen, resp. von dem hiezu bestimmten Termine benachrichtigt werden sollen.

§ 104. Die bei Aufnahme des Inventars beizuziehenden Sachverständigen (Schätzer) hat, insoferne nicht mit Rücksicht auf den Zweck des Inventars die Wahl derselben dem Gerichte oder den Betheiligten zusteht (Art. 52 des Notariats-Gesetzes) der Notar selbst zu bestimmen, jedoch hiezu, wenn nicht besondere Gründe entgegenstehen, Sachverständige zu wählen, welche als solche bereits im Allgemeinen verpflichtet sind.

Findet sich der Notar veranlaßt, Sachverständige zu wählen, welche als solche noch nicht verpflichtet sind, so hat er an das einschlägige Stadt- oder Landgericht das Ansuchen um deren eidliche Verpflichtung zu stellen.

§ 105. Besteht der Rücklaß eines Verstorbenen in einem aliquoten Theil eines Vermögens, welches sich im gemeinschaftlichen Besitze Mehrerer, z. B. von Ehegatten oder Geschwistern befindet, so ist bei Aufnahme des Verlassenschafts-Inventars nur jener Betrag, welcher den Antheil des Verstorbenen an den betreffenden Vermögensobjekten bildet, auszuwerfen, der Gesammtwerth derselben aber lediglich in der Linie vorzutragen.

§ 106. (Versteigerungen in Verlassenschaften oder Pflegschaften.)

Wird in einer bei Gericht anhängigen Verlassenschaft die Versteigerung des Rücklasses oder einzelner Bestandtheile desselben, oder in einer Vormundschafts- oder Curatelsache die Versteigerung von Gegenständen, welche zum Vermögen des Pfleglings gehören, vom Verlassenschafts-, resp. Vormundschaftsgerichte gemäß Art. 52 des Notariatsgesetzes einem Notare übertragen, so findet bei einer solchen Versteigerung das nämliche Verfahren, wie bei freiwilligen Versteigerungen (§ 70 bis 80) statt.

§ 107. Werden aus Antrag des Verlassenschafts- oder Vormundschaftsgerichtes Liegenschaften im Wege der Versteigerung verkauft, so ist, wie bei andern freiwilligen Versteigerungen, durch die über die Versteigerung aufgenommene Notariatsurkunde der Vorschrift des Art. 14 des Notariatsgesetzes genügt, insoferne die Erben, welche als die Verkäufer erscheinen resp. der Vormund oder Curator, welcher mit Genehmigung oder aus Auftrag des Vormundschaftsgerichts den Verkauf zu bethätigen hat, bei der Versteigerung als Betheiligte mitwirken, oder dieselbe in einer besonders aufzunehmenden Notariatsurkunde nachträglich genehmigen (§ 78).

Ist die obervormundschaftliche Genehmigung des Ergebnisses der Versteigerung gesetzlich nothwendig oder vorbehalten, so ist der deßfallsige Beschluß gemäß Art. 13 Abs. 2 des Notariatsgesetzes auf die Urschrift der über die Versteigerung aufgenommenen Urkunde zu setzen. —

§ 108. Die Urschrift der über die Versteigerung aufgenommenen Urkunde, welche für sich allein oder in Verbindung mit den über die Genehmigung der Versteigerung aufgenommenen Urkunde die Notariatsurkunde über den Kaufvertrag bildet (§ 78), ist auch bei den in Folge gerichtlichen Auftrags vorgenommenen Versteigerungen der im § 106 und 107 erwähnten Art von dem Notar zu verwahren.

Zu den Verlassenschafts- oder Pflegschaftsakten ist erforderlichen Falls eine Abschrift zu nehmen.

§ 127. (Von den durch die Notare zu führenden Registern.)

Zum Zwecke der ersten Anlage der im Art. 48 Abs. 1 u. 2 des Notariats-Gesetzes vorgeschriebenen Verzeichnisse haben die Stadt- und Landgerichte die bis zum 30. Juni l. Js. in ihrem Gerichtsbezirke wegen Verschwendung, Geistes- oder Körperschwäche unter Curatel gestellten Personen, dann in den im Absatz 2 bezeichneten Gebietstheilen die der Eheleute, welche bis zu dem erwähnten Zeitpunkte die Gütergemeinschaft öffentlicher Ausschreibung gemäß ausgeschlossen haben, den in dem einschlägigen Bezirksgerichtssprengel angestellten Notaren bekannt zu geben.

Die weiteren Einträge in die nach diesen Mittheilungen anzufertigenden Verzeichnisse haben die Notare auf dem Grunde der bezüglichen öffentlichen Bekanntmachungen, welche gemäß der allerhöchsten Entschließung vom 7. März 1814 (Döll. Bd. XIX. S. 96 *) in das einschlägige Kreisamtsblatt eingerückt werden müssen, zu machen.

36.

Verordnung vom 13. Juni 1862. (Rggsbl. 1862. S. 1196.)

Die Anzeige von Entbindungen betr.

§ 1. Von jedem Geburtsfalle, das Kind mag lebend oder todt zur Welt gekommen sein, ist binnen 3 Tagen Anzeige zu erstatten, und zwar

1) bei Katholiken und Protestanten an das Pfarramt, in dessen Sprengel die Entbindung erfolgt ist;
2) bei Angehörigen einer anerkannten Privatkirchengesellschaft entweder
   a) an die Ortspolizeibehörde,
   b) an das (katholische oder protestantische) Pfarramt, oder endlich
   c) an den Vorsteher oder Religionslehrer der betreffenden Cultus-Gemeinde,

---

*) Auszug aus der A. Entschl. v. 7. März 1814 (Döll. XIX. S. 96):
„I. In jedem Kreise des Königreichs soll ein Kreis-Intelligenz-Blatt bestehen, welches alle amtlichen Anordnungen und Verfügungen sämmtlicher administrativen, gerichtlichen und finanziellen Ober- und Unterbehörden des Kreises, deren öffentliche Bekanntmachung nothwendig ist, und sonst keinem Anstande unterliegt, aufnimmt und verbreitet."

je nachdem die Geburtsregister über die Angehörigen der Privatkirchengesellschaft auf Grund der in den einschlägigen Landestheilen bestehenden Einrichtungen von der Orts- oder Distriktspolizeibehörde oder von einem Pfarramte der im Staate bestehenden christlichen Confessionen oder von dem Vorsteher oder Religionslehrer der betreffenden Cultusgemeinde geführt werden;

3) bei allen übrigen Geburtsfällen an die Ortspolizeibehörde.

In Orten mit magistratischer Verfassung ist unbeschadet der Vorschrift unter Nro. 1 und 2 lit. b und c die gleiche Anzeige auch dem Magistrate, in München bei der Polizeidirektion, gegen sofort zu ertheilende Empfangsbestätigung zu machen.

Diese muß der dem Pfarramte oder dem Vorsteher oder Religionslehrer der betreffenden Cultusgemeinde zu erstattenden Anzeige jedesmal beigefügt werden.

§ 2. Ist das zuständige Pfarramt oder sonstige einschlägige Organ von dem Orte der vorgekommenen Geburt mehr als drei Stunden entfernt, so kann der Vorschrift des § 1 durch Vermittlung der Polizeibehörde des Orts der stattgefundenen Entbindung genügt werden, jedoch ist solchen Falls dieser Behörde die betreffende Anzeige binnen 3 Tagen zu erstatten.

§ 3. Die Anzeige obliegt bezüglich der Geburten, zu welchen eine Hebamme beigezogen wurde, der Hebamme, bezüglich der übrigen Fälle dem Familienhaupte und in Ermangelung eines solchen dem Arzte oder Hebarzte oder den sonstigen Personen, welche der Geburt beigewohnt oder der Mutter bei oder unmittelbar nach der Geburt häusliches Unterkommen gewährt haben.

Geburtsfälle in Privatentbindungsanstalten sind von dem Vorsteher der Anstalt anzuzeigen.

Bezüglich der Geburtsfälle, welche sich in öffentlichen Anstalten ereignen, obliegt die Anzeige bei Meidung disziplinärer Ahndung dem Vorstande der Anstalt.*)

§ 4. Die Anzeige hat

1) den Tag und die Stunde der Geburt,
2) das Geschlecht des Kindes und den oder die Vornamen, welche dasselbe bereits erhalten hat oder erhalten soll,
3) die Vor- und Geschlechtsnamen, die Confession, den Stand oder das Gewerbe und den Wohnort,
   a) der Eltern bei ehelichen Geburten,
   b) der Mutter bei unehelichen Geburten.
4) In Städten mit Magistraten I. u. II. Classe die Straße und die Hausnummer der Wohnung des Vaters bei ehelichen Geburten und der Wohnung der Mutter bei unehelichen Geburten zu enthalten und kann mündlich oder schriftlich gemacht werden.

§ 5. Gegenwärtige Verordnung, durch welche alle dermalen mit Strafwirksamkeit bestehende verordnungsmäßige Bestimmungen über die Anzeige

---

*) Vergl. Ziff. 10, 14, 15, 30.

von Entbindungen aufgehoben werden, tritt mit dem 1. Juli l. Js. für den Umfang der Landestheile diesseits des Rheins in Wirksamkeit.*)

37.

Entschließung des königl. Staatsministeriums der Justiz vom 28. Juni 1862. (Hdb. d. b. St.-V. Supl. Bd. III. S. 253.)

Die Behandlung der Gesuche um Großjährigkeitserklärung, Adoption rc. betr.

Gesuche um Großjährigkeitserklärung, Adoption, Legitimation und um Befreiung von der gerichtlichen Subhastation und Inventur sind fortan nicht mehr unmittelbar bei dem k. Staatsministerium der Justiz, sondern bei dem zuständigen Stadt- oder Landgerichte in einfacher Ausfertigung einzureichen.**)

38.

Entschließung des königl. Staatsministeriums der Justiz vom 6. Mai 1863. (J.-M.-Bl. I. S. 33.*)

Die Gesuche um Namensänderungen betr.

Hiernach sind die Oberstaatsanwälte beauftragt, über die ihnen in Gemäßheit der Entschließung des k. Staatsministeriums des Innern v. 18. April 1863 zukommenden Gesuche um Aenderungen von Personennamen rc. jedesmal, unter gleichzeitiger Veranlassung etwa nöthiger Erhebungen, die gutachtliche Aeußerung des betreffenden Stadt- oder Landgerichtes und des bezirksgerichtlichen Staats-Anwaltes in der Richtung zu erholen:

„ob gegen die Gewährung des gestellten Gesuches vom justiziellen Standpunkte ein Bedenken obwalte,“

und diese Gutachten unter Rückschluß der Communikate mit eigener gutachtlicher Aeußerung der k. Regierung mitzutheilen.***) —

(Mit einer Entschl. des k. St.-M. des Innern v. 18. April 1863.)

39.

Bekanntmachung des kgl. Staatsministeriums der Justiz vom 28. Mai 1863. (J.-M.-Bl. 1863. S. 6.)

Die Anzeigen wegen körperlicher Mißhandlung durch Mißbrauch des Züchtigungsrechtes der Schullehrer betr.

Gemäß Art. 234—238 des Strafgesetzbuches ist eine strafbare Körperverletzung nur alsdann gegeben, wenn Jemand einem Andern eine körperliche Mißhandlung oder Beschädigung rechtswidrig zufügt, und es ist sonach in allen Fällen des erlaubten Züchtigungsrechtes die Strafbarkeit insoweit ausgeschlossen, als durch die Art oder den Erfolg der Züchtigung die Gränzen des Züchtigungsrechtes nicht überschritten sind. Es unterliegt nun keinem Zweifel, daß den Schullehrern das aus dem Erziehungsrecht entspringende Recht zur körperlichen

---

*) Vergl. Ziff. 7, 8, 10, 11, 14, 15, 16, 17, 18, 19, 20, 21, 27, 28, 31.

**) Vergl. V. v. 15. April 1817 § 41, Formation der Staatsministerien betr. (Rggs.-Bl. 1817 S. 340), nun die Verordn. v. 9. Dezember 1825, die Formation der Ministerien betr. § 53 (Abth. A. Ziff. 2).

***) Vergl. Ziff. 8, 16, 27, 28, 31, 38, 42, 43, 44, 45.

Züchtigung ihrer Schulkinder zusteht, denn es ist in der Ministerialentschließung vom 20. Mai 1815 (Döllinger's Verordnungen=Sammlung Bd. IX. S. 1459) die körperliche Züchtigung als zulässiges Strafmittel in den Volksschulen erklärt und durch die spätere Entschließung der Staatsministerien des Innern beider Abtheilungen vom 30. Juli 1857, die Competenz der königl. Polizeidirektion München zur Bestrafung des Lehrerpersonals wegen Züchtigung der Schüler betr., die Anwendung der körperlichen Züchtigung den Lehrern nicht mehr untersagt. Auch wurde in dem Erkenntniß des obersten Gerichtshofs vom 5. Dez. v. Js. in der Untersuchung gegen den Schullehrer Johann Halbig in Alitzheim das Züchtigungsrecht der Lehrer anerkannt.

Nachdem die Gränzen dieses Züchtigungsrechts gesetzlich nicht festgestellt sind, so ist es in jedem einzelnen Falle die Aufgabe der Gerichte, auf dem Grunde der gegebenen Thatsachen die Frage zu entscheiden, ob die Gränzen eines, aus dem Erziehungsrechte sich ableitenden, maßvollen und vernünftigen Züchtigungsrechts eingehalten sind, oder ob unter Ueberschreitung dieser Gränzen eine strafbare Körperverletzung gegeben ist. Es würden jedoch tüchtige und berufstreue Lehrer, wenn dieselben auf jede, auch offenbar ungegründete Anzeige schwacher und verblendeter Familienväter vor die öffentliche Sitzung gezogen würden, auch bei erfolgender Freisprechung in ihrer Autorität in der Schule empfindlichen Schaden leiden. Deßhalb ist es vom Standpunkte der Schulzucht und des öffentlichen Unterrichts geboten, daß die strafrechtliche Einschreitung gegen die Lehrer wegen Ueberschreitung des Züchtigungsrechts bereits von der Staatsanwaltschaft allseitig und gründlich in dieser Richtung geprüft werden, und es wird zu diesem Zweck hiemit angeordnet, daß die Vertreter der Staatsanwälte an den Stadt= und Landgerichten alle in Gemäßheit des Art. 237 Abs. 3 des Strafgesetzbuches und Art. 67 des Einführungsgesetzes an sie gelangenden derartigen Anträge nebst dem allenfalls zu erholenden ärztlichen Befunde und sonstigen nach Umständen zu erhebenden Aufschlüssen dem vorgesetzten Staatsanwalte am Bezirksgerichte vorzulegen und dessen Weisung abzuwarten haben, ob und in welcher Weise in der Sache weiter vorzugehen sei.

Bei Erlassung dieser Weisungen ist es die Aufgabe der bezirksgerichtlichen Staatsanwälte, einerseits das Interesse der Schulzucht und des öffentlichen Unterrichts im Auge zu haben, andrerseits aber auch dafür zu sorgen, daß leidenschaftlichen und rohen Ueberschreitungen des Züchtigungsrechts mit der Strenge des Gesetzes unnachsichtlich entgegengetreten werde.*)

40.

Justizministerial=Entschließung vom 24. Januar 1864. (Justiz=Ministerialblatt 1864. S. 20.)

Die Beurkundung der Verträge über die Alimentation außerehelicher Kinder betr.

Es ist zur Kenntniß des unterfertigten kgl. Staatsministeriums gekommen, daß bei den Stadt= und Landgerichten bezüglich der Protokollirung der Verträge über die Alimentation außerehelicher Kinder ein verschiedenartiges Verfahren

*) Vergl. hierüber die Antragsdelikte im II. Hefte.

beobachtet wird, indem einige dieser Gerichte sich zur Protokollirung solcher Verträge für zuständig erachten, andere, von der Ansicht ausgehend, daß die Beurkundung von Alimentenverträgen zu dem ausschließlichen Wirkungskreise der Notare gehöre, die Betheiligten zu diesem Zwecke an einen Notar verweisen.

Dieses letztere Verfahren ist den gegenwärtig bestehenden gesetzlichen Vorschriften insoweit vollkommen entsprechend, als die Stadt- und Landgerichte in ihrer Eigenschaft als Vormundschaftsbehörden zur Beurkundung von Verträgen über die Alimentation außerehelicher Kinder nicht für zuständig erachtet werden können.

Die Beurkundung eines Vertrags kann deßhalb, weil ein Minderjähriger bei demselben betheiligt ist, nicht als ein zum Vormundschaftswesen gehöriges Geschäft betrachtet werden und nur die obervormundschaftliche Prüfung und Genehmigung des Vertrags oder der den Minderjährigen betreffenden Vertragsbestimmungen gehört zum Wirkungskreise des vormundschaftlichen Amtes.

Die Aufnahme solcher Verträge fällt daher nicht unter Artikel 18 des Gesetzes vom 10. November 1861, die Gerichtsverfassung betr., sondern unter Art. 11 Abs. 2 Ziff. 1 des Notariatsgesetzes und in Art. 12 dieses Gesetzes ist ausdrücklich bestimmt, daß auch die Beurkundung von Verträgen, bei welchen Minderjährige betheiligt sind, unter den nach Art. 11 Abs. 2 Ziff. 1 dem ausschließlichen Wirkungskreise der Notare zugewiesenen Geschäften der nichtstreitigen Rechtspflege begriffen sei.

Dagegen ist die Zuständigkeit der Gerichte, in ihrer Eigenschaft als Prozeßgerichte, Vergleiche zu protokolliren (G.-O. Cap. 17 § 1 Nro. 9.) durch das Notariatsgesetz nicht aufgehoben worden, und den Stadt- und Landgerichten steht hienach auch gegenwärtig die Befugniß zu, Vergleiche über die Alimentation außerehelicher Kinder zu protokolliren, insoferne sie in ihrer Eigenschaft als Prozeßgerichte gemäß § 5 und 6 des Gesetzes vom 17. November 1837, einige Verbesserungen der G.-O. betr., mit der Sache befaßt sind. *)

41.

Justizministerial-Entschließung vom 20. April 1864. (J.-M.-Bl. 1864. Bd. II. S. 121.

Die Ersuchschreiben der Vormundschaftsbehörden zum Zwecke der Ermittlung der Vaterschaft und Alimentation außerehelicher Kinder betr.

Es haben sich widersprechende Ansichten darüber ergeben, ob die Stadt- und Landgerichte verpflichtet seien, auf Ersuchen der zuständigen Vormundschaftsbehörde den von der Mutter eines außerehelichen Kindes als Vater Bezeichneten, welcher sich im Bezirke des ersuchten Gerichts aufhält, von den Ansprüchen der Mutter und der Vormundschaft in Kenntniß zu setzen, zur Abgabe seiner Erklärung hierüber zu veranlassen und diese Erklärung zu Protokoll zu nehmen.

Einige Stadt- und Landgerichte haben sich geweigert, solchen Ersuchen zu entsprechen, und zwar aus dem Grunde, weil die Beurkundung der Erklärung des zu Vernehmenden im ausschließlichen Wirkungskreise der Notare liege.

---

*) **Vergl. Ziff. 8, 13, 41, Abth. A Ziff. 14.**

Diese Weigerung kann nicht als gerechtfertigt erkannt werden.

Die den Vormundschaftsbehörden obliegende Verpflichtung, dafür Sorge zu tragen, daß die Vaterschaft und Alimentation außerehelicher Kinder ermittelt und auf eine die Ansprüche des Kindes sichernde Weise festgestellt werde, bringt es nothwendig mit sich, daß dieselben sich darüber Kenntniß zu verschaffen haben, ob der als Vater Bezeichnete die Ansprüche der Kindesmutter und der Vormundschaft anerkenne oder nicht, um hienach die weiter von Obervormundschaftswegen zu treffenden Verfügungen bemessen zu können.

Wenn es auch zunächst in der Aufgabe des Vormunds liegt, zu diesem Zwecke mit dem als Vater Bezeichneten ins Benehmen zu treten, so ist doch auch die Vormundschaftsbehörde unzweifelhaft berechtigt, sich die benöthigte Kenntniß, wenn es nach der Lage der Sache angemessen erscheint, unmittelbar selbst durch Vernehmung desselben zu verschaffen, und namentlich wird sich die Vormundschaftsbehörde hiezu in dem Falle veranlaßt finden, wenn dieses Benehmen durch den — hiezu häufig nicht geeigneten — Vormund im Wege der Korrespondenz zu bethätigen wäre. Die Vormundschaftsbehörden sind aber verpflichtet, sich in Uebung dieser ihnen zustehenden Berechtigung gegenseitig Amtshilfe zu leisten; an dieser Verpflichtung, welche früher nie beanstandet wurde, ist durch die Einführung des Notariatsinstitutes nichts geändert worden, und namentlich kann die Konstatirung der Erklärung, welche der als Vater Bezeichnete über die ihm bekannt gegebenen Ansprüche der Kindesmutter und der Vormundschaft nicht diesen gegenüber und zum Zwecke der Beurkundung eines mit denselben abgeschlossenen Vertrages, sondern der Vormundschaftsbehörde gegenüber abgibt, nicht als eine nur den Notaren zustehende Amtshandlung betrachtet werden, da es sich um Konstatirung einer in einer Vormundschaftssache abgegebenen Erklärung und nicht um Beurkundung einer Erklärung handelt, welche einen dem ausschließenden Wirkungskreise der Notare zugewiesenen Gegenstand betrifft.

Die Stadt- und Landgerichte werden demzufolge beauftragt, derartigen Ersuchschreiben jederzeit förderlich zu entsprechen, und zwar nicht blos den als Vater Bezeichneten von den Ansprüchen der Kindesmutter und der Vormundschaft zu Protokoll in Kenntniß zu setzen, sondern auch die von demselben hierüber abgegebene Erklärung aufzunehmen und der ersuchenden Vormundschaftsbehörde mitzutheilen. *)

42.

Justizministerial-Entschließung vom 18. Januar 1865. (J.-M.-Bl. Bd. III. (1865). S. 2.)

Das Verfahren bei den mit Adoptions- oder Legitimationsgesuchen verbundenen Namensänderungsgesuchen betr.

Sehr häufig werden Namensänderungsgesuche mit Gesuchen um Bewilligung von Adoptionen oder Legitimationen verbunden.

Da die Würdigung, welche bei solchen Gesuchen vom Standpunkte der Verwaltung im allgemeinen einzutreten hat, auch in diesem Falle nicht umgangen

*) Vergl. Ziff. 8, 13, 40. Abth. A Ziff. 14. —

werden kann, so erhalten — im Einverständnisse mit dem k. Staatsministerium des Innern — zum Behufe eines einfacheren und beschleunigteren Verfahrens die Oberstaatsanwätte an den k. Appellationsgerichten diesseits des Rheins die Weisung, künftighin die in Folge von Gesuchen der bezeichneten Art erwachsenen Verhandlungen vor ihrer Einsendung an das unterfertigte k. Staatsministerium der betreffenden Kreisregierung, K. d. J., zur Aeußerung bezüglich der nachgesuchten Namensänderung mitzutheilen. *)

43.

Justizministerial-Entschließung vom 24. März 1866. (J.-M.-Bl. Bd. IV. (1866). S. 61.)

Gesuche um Bewilligung zur Vornamensänderung betr.

Die von dem k. Staatsministerium des Innern an eine der Kreisregierungen, Kammer des Innern, erlassene und den übrigen Kreisregierungen diesseits des Rheins mitgetheilte Entschießung vom 8. l. Mts. wird in nachstehendem Abdrucke **) mit dem Beifügen bekannt gegeben, daß auch die Gesuche um Bewilligung zur Vornamensänderung die Vorschriften der Entschließung vom 6. Mai 1863 ***) — Justizmin.-Bl. Bd. I. S. 33* — entsprechende Anwendung finden und daß sich demgemäß die Stadt- und Landgerichte bezüglich der ihnen von den Distriktspolizeibehörden zukommenden Gesuche um Bewilligung zur Vornamensänderung und ebenso die Oberstaatsanwälte bezüglich der ihnen von den Kreisregierungen mitgetheilten Gesuche der bezeichneten Art — eintretenden Falls nach vorgängigen sachgemäßen Erhebungen — darüber zu äußern haben, ob gegen die Gewährung des gestellten Gesuches vom Standpunkte der Rechtspflege ein Bedenken obwalte.

44.

Entschließung des königl. Staatsministeriums des Innern vom 8. März 1866. (J.-M.-Bl. Bd. IV. (1866). S. 62.)

Das Gesuch des . . . . von . . . . um die Erlaubniß zur Aenderung seines Vornamens betr.

Auf den Bericht vom 29. Juni v. Js. wird der k. Regierung unter Rückschluß der Beilagen im Einverständnisse mit dem k. Staatsministerium der Justiz, dann des Innern für Kirchen- und Schulangelegenheiten, Nachstehendes eröffnet.

Die allerhöchste Entschließung vom 12. März 1677 (administ. Verordn.-Samml. Bd. III. S. 391) verbietet nur, den angebornen Namen, also den Familien- oder Geschlechtsnamen ohne landesfürstlichen Consens zu verändern. Im Einklange hiemit bedroht auch der Art. 54 des Pol.-Str.-Ges.-B. nur die unbefugte Veränderung des Geschlechts- oder Familiennamens mit Strafe.

Hinsichtlich der Veränderung der Vornamen enthält die Gesetzgebung des dießrheinischen Bayerns keine Bestimmung.

---

*) Vergl. Ziff. 8, 16, 27, 28, 31, 37, 38, 43, 44, 45, Abth A dieses Heftes Z. 2.
**) Siehe folg. Ziff. 44.
***) Siehe oben Ziff. 38.

Die erwähnten gesetzlichen Bestimmungen finden demnach auf die Veränderung von Vornamen keine Anwendung; es kann daher dem Gesuche des . . . . zu . . . . um die Erwirkung der allerhöchsten Bewilligung zur Führung des Vornamens . . . . . eine Folge nicht gegeben werden.

Andererseits berechtigt aber die bezüglich der Veränderung der Vornamen in der Gesetzgebung bestehende Lücke weder zu dem Schlusse, daß die Veränderung des Vornamens überhaupt nicht zulässig, noch daß dieselbe dem Belieben des Einzelnen freigestellt sei.

In ersterer Beziehung kommt Folgendes in Anbetracht.

Es besteht kein die Veränderung des Vornamens verbietendes Gesetz, und ebensowenig kann in der Verbindung des Beilegens des Vornamens mit religiösen Handlungen ein Hinderniß erkannt werden, diesen zu verändern, weil die Wahl des Vornamens auf die Wirkung der fraglichen religiösen Handlungen keinen Einfluß äußert, sohin auch die Aenderung desselben die kirchenrechtliche Wirkung jener religiösen Handlungen unberührt läßt.

Zudem läßt sich nicht verkennen und der vorliegende Fall liefert einen Beleg hiefür, daß eine Person ein wirkliches Interesse haben könne, den ihr anfänglich beigelegten Vornamen zu ändern.

Da nun selbst der angeborne Name wegen in Mitte liegender Interessen verändert werden darf, so wird unter gleicher Voraussetzung die Aenderung des Vornamens, welcher an der Person nicht schon mit dem ersten Augenblicke ihres Lebens haftet, sondern ihr erst nach der Wahl anderer Personen beigelegt wird, um so weniger zu beanstanden sein.

Aus der rechtlichen Zulässigkeit der Aenderung der Vornamen folgt indessen nicht, daß dieselbe der Willkühr des Einzelnen überlassen sei und der Cognition der Behörden sich entziehe.

Die Führung bestimmter Namen bezweckt jede einzelne Person von allen andern insbesondere auch in Beziehung auf Rechte und Pflichten sicher und dauernd zu unterscheiden und ist durch die Erwägung geboten, daß der geordnete Zustand jedes Staates die beständig gleichmäßige Unterscheidung aller ihm angehörigen Personen erfordert und diese bei verschiedenen staatlichen Einrichtungen vorausgesetzt wird.

Jenem für das Rechts- und Familienleben sowie für die öffentliche Ordnung höchst wichtigen Zwecke genügt aber der Familienname nicht in ausreichendem Maße, sondern die unterscheidende Kennzeichnung des einzelnen Mitgliedes einer Familie und dessen Unterscheidung von andern den gleichen Familiennamen führenden Personen wird erst durch die Verbindung des Vornamens mit dem Familiennamen erreicht.

Es erscheint daher die willkührliche Veränderung des Vornamens eben so wenig wie die des Familiennamens mit dem öffentlichen Rechte und der öffentlichen Ordnung vereinbar.

Hiernach kann ein Zweifel nicht bestehen, daß den Staatsbehörden die Befugniß zukomme, die Zulässigkeit einer solchen Namensänderung zu prüfen, sowie daß die Rechtsgiltigkeit und die staatliche Anerkennung derselben durch die Bewilligung der zuständigen Behörde bedingt sei.

Was sodann die weitere Frage anlangt, welche Behörden in den dießrheinischen Regierungsbezirken in der gedachten Beziehung zuständig seien, so ist dieselbe dahin zu beantworten, daß, da die fraglichen Gesuche eine Abänderung der Einträge in die Geburtsregister zum Gegenstande haben, die Prüfung und Bescheidung derselben in die Zuständigkeit derjenigen Behörden, welchen die Aufsicht auf die richtige Führung der Geburtsregister nach den bestehenden Competenzverhältnissen obliegt, sohin in die Zuständigkeit der Distriktspolizeibehörden und in höherer Instanz der k. Regierungen, K. d. J., falle. Die Verwaltungsbehörden haben übrigens hierbei wegen der etwa obwaltenden civilrechtlichen Anstände nur nach vorgängigem Benehmen mit den betreffenden Justizbehörden Beschuß zu fassen und den Interessen der Betheiligten, insbesondere auch des Staates die sorgfältigste Bedachtnahme zuzuwenden.

Schließlich wird noch bemerkt, daß, nachdem in Folge des § 15 Abschnitt III des Landtagsabschiedes vom 10. November 1861 die bis dahin für die Israeliten hinsichtlich des Matrikelwesens geltenden Ausnahmsbestimmungen außer Wirksamkeit getreten sind, auf die Namensänderungen der Israeliten die gleichen Grundsätze wie auf solche der Angehörigen der christlichen Confessionen Anwendung zu finden haben.

Die k. Regierung hat hiernach den Bittsteller verständigen zu lassen und die Unterbehörden geeignet anzuweisen. *)

45.

Entschließung des königl. Staatsministeriums der Justiz vom 6. Juni 1866. (J.-M.-Bl. Bd. IV. (1866). S. 157.)

Die Gesuche um Berichtigung von Familiennamen betr.

Die von dem k. Staatsministerium des Innern an eine der Kreisregierungen, Kammer des Innern, erlassene und den übrigen Kreisregierungen diesseits des Rheins mitgetheilte Entschließung vom 16. d. Mts., wird in nachstehendem Abdrucke bekannt gegeben unter Bezugnahme auf die Vorschriften der Entschließung vom 24. März l. Js. **) Nro. 7538 (J.-M.-Bl. S. 61), welche auf die Gesuche um Berichtigung von Familiennamen gleichmäßig Anwendung zu finden haben.

Entschl. des k. Staatsministeriums des Innern v. 16. Mai 1866.

Auf den Bericht vom 29. September v. Js. wird der königl. Regierung, Kammer des Innern, im Einverständnisse mit dem k. Staatsministerium der Justiz, Nachstehendes eröffnet:

Nach dem in Vorlage gekommenen Auszuge aus dem Taufregister der k. Pfarrei Sch. ist Pankraz Günthner zu D. unter dem Familiennamen seines Vaters Günther in dem Taufregister eingetragen.

Pankraz Günthner hatte nach Ausweis der Akten nie die Absicht seinen Familiennamen zu ändern, welchen dessen Seitenverwandte auch unverändert beibehalten haben, sondern die Führung des Namens Günthner von seiner Seite und die Uebertragung dieses Familiennamens auf seine Söhne, wozu die Aller-

---

*) Vergl. Ziff. 43, 38 und Noten hiezu.
**) S. Ziff. 43. Vgl. Ziff. 42, 44, 38.

höchste Bewilligung nie nachgesucht worden ist, beruht lediglich auf einem Irrthume.

Das vorwürfige Gesuch des „Pankraz Günthner“ und seiner beiden Söhne um die Erlaubniß zur Führung des Familiennamens „Günther“ erscheint demnach nicht als ein Gesuch um Erlaubniß zur Namensänderung, sondern als ein Gesuch um Berichtigung eines Familiennamens, und insoweit die unrichtige Schreibweise in die Pfarr- oder Civilstandsregister übergegangen ist, um Richtigstellung dieser Register.

Hiezu bedarf es gewiß der ihrem klaren Wortlaut nach nur auf Namensänderungen anwendbaren Allerhöchsten Entschließung vom 12. März 1677 (Administrativ-Verordn.-Samml. Bd. 3, S. 391 *) keiner Allerhöchsten Bewilligung, sondern die Würdigung und Bescheidung derartiger Gesuche fällt in die Zuständigkeit derjenigen Behörden, welchen die Aufsicht über die richtige Führung der Geburts- und Trauungsregister obliegt.

Was nun zunächst das Gesuch des Pankraz Günthner anlangt, so ist diesem die Führung des Namens Günther, da er unter diesem Namen in das Geburtsregister der Pfarrei Sch. eingetragen ist, nicht weiter zu beanstanden.

Bezüglich der Berichtigung des Familiennamens seiner beiden Söhne aber hat, insofern diese in einem der Regierungsbezirke diesseits des Rheins geboren sind, jenes Verfahren einzutreten, welches in der Minist.-Entschl. vom 8. März ds. Js. Nro. 3878 für die Behandlung der Gesuche um Gestattung der Aenderung von Vornamen vorgezeichnet ist. Sollten dieselben aber in dem pfälzischen Regierungsbezirke geboren sein, so würde die Berichtigung ihrer Geburtsakten und damit ihres Familiennamens nur in dem durch Art. 99 des Code civ. und Art. 855 u. f. des Code de procéd. vorgeschriebenen Verfahren geschehen können.

Die kgl. Regierung, K. d. J., hat hienach den Gesuchstellern Eröffnung machen zu lassen und die Unterbehörden geeignet anzuweisen. **)

46.

Justizministerial-Entschließung vom 10. Oktober 1866. (Justiz-Min.-Bl. 1866 (Bd. IV) S. 282).

Den gerichtlichen Verkehr mit den bei den vereinigten Staaten von Nordamerika beglaubigten Consuln betr.

Bereits mit generalisirter Entschließung vom 15. August 1853 über die Correspondenz der kgl. Gerichtsbehörden mit nordamerikanischen Behörden, ist darauf aufmerksam gemacht, daß die Erledigung der Ersuchschreiben von Gerichten an die in den Vereinigten Staaten von Nordamerika beglaubigten k. Consuln häufig mit nicht unbedeutenden Kosten verbunden ist, insbesondere dann, wenn, wie nicht selten, die Zuziehung eines Rechtsanwalts oder öffentlichen Notars erforderlich wird.

In solchen Fällen ist es schon wiederholt vorgekommen, daß die von den k. Consuln in ihren Vollzugsberichten berechneten Auslagen nicht beigetrieben

---

*) Siehe Ziff. 27 und Note.

**) Vergl. Ziff. 38 und Noten hiezu.

werden konnten, so daß nichts Anderes übrig blieb, als die k. Staatskassa damit zu belasten. Da nun Letzteres mit Rücksicht auf Umfang und Bestimmung der zur Verfügung stehenden Etatsmittel Anständen unterliegt, und eine unbedingte Verpflichtung des Staates zur Uebernahme derartiger Auslagen jedenfalls dann nicht gegeben ist, wenn die Thätigkeit der k. Consuln zur Wahrung und Verfolgung reiner Privatinteressen also namentlich in anhängig gemachten Civilstreitsachen von den Betheiligten in Anspruch genommen wird, so sieht sich das unterfertigte k. Staatsministerium nach vorgängigem Benehmen mit dem k. Staatsministerium des k. Hauses und des Aeußern veranlaßt, sämmtliche Justizbehörden anzuweisen, bei solchen Anlässen dem Kostenpunkte schon von vornherein die entsprechende Berücksichtigung zuzuwenden und dafür Sorge zu tragen, daß der Rückersatz der allenfallsigen Auslagen von Seite der zahlungspflichtigen Privatpersonen in einer der Lage des einzelnen Falls entsprechenden Weise sichergestellt werde. Bei Vorlage der bezüglichen Ersuchschreiben ist sodann in den Begleitberichten ausdrücklich anzuführen, ob und auf Grund welcher Anhaltspunkte seinerzeit die Rückvergütnng der fraglichen Auslagen erwartet werden darf.*)

47.

Entschließung des königl. Staatsministeriums der Justiz vom 5. Dezember 1866. (J.=M.=Bl. 1866 (Bd. IV) S. 351.)

Die Erstattung von Todesanzeigen diesseits des Rheins betr.

Die von dem k. Staatsministerium des Innern an sämmtliche Regierungen, K. d. J., diesseits des Rheins am 26. v. Mts. erlassene Entschließung bezeichneten Betreffs, wird nachstehend im Abdrucke zur Kenntnißnahme mitgetheilt.

Die Vorstände der Bezirksgerichte, dann der Stadt= und Landgerichte, werden auf die Bestimmungen Ziff. 2b und c dieser Entschließung zur Nachachtung hingewiesen, und haben auch zur Befolgung dieser Bestimmungen durch die Gefängnißwärter oder Gerichtsdiener geeignete Anordnungen zu treffen.

Abdruck.

Entschl. des k. Staatsministeriums des Innern v. 26. Novbr. 1866.

Das unterfertigte k. Staatsministerium hat sowohl aus den zur Ministerial-Entschließuug vom 28. Mai 1864 Nro. 9089 erstatteten Berichten der königl. Regierungen, K. d. J., diesseits des Rheins, wie auch aus den vom k. Staatsministerium der Justiz mitgetheilten Berichten der k. Oberstaatsanwälte ersehen, daß bezüglich der Anzeigen der Todesfälle an die Gerichte behufs der Einleitung der Verlassenschafts= oder Pflegschaftsverhandlungen weder ein gleichförmiges, noch allenthalben ein den Interessen der Rechtspflege entsprechendes Verfahren beobachtet wird.

Um eine gleichförmige Regelung dieses Gegenstandes herbeizuführen, wird im Einverständnisse mit den kgl. Staatsministerien der Justiz und des Innern für Kirchen= und Schulangelegenheiten, dann dem kgl. Kriegsministerium Nachstehendes verfügt:

1) die Ortspolizeibehörden (in München die k. Polizeidirektion) sind vorbehaltlich der unter Ziff. 2 bestimmten Ausnahmen verpflichtet von jedem im

---

*) Vergl. Abth. A Ziff. 6.

Ortspolizeibezirke vorkommenden Todesfalle in möglichster Bälde dem Stadt- und resp. Landgerichte, in dessen Sprengel die verstorbene Person ihren ständigen Wohnsitz hatte, und wenn ein solcher nicht bekannt sein sollte, dem nächstgelegenen Stadt- oder Landgerichte Anzeige zu erstatten.

2) Ausgenommen hievon sind:

a) die in den Straf- und Polizeianstalten, sowie in den Staatserziehungs-Anstalten für verwahrloste jugendliche Personen, dann in den öffentlichen Erziehungsanstalten, Spitälern, Kranken-, Irren-, Gebär- und Pfründenanstalten, endlich in den Klöstern sich ereignenden Todesfälle, über welche die Anzeigen von den Verwaltungen oder Vorständen dieser Anstalten dem in Ziff. 1 bezeichneten Stadt- oder Landgerichte mitzutheilen sind;

b) die in den Bezirksgerichtsgefängnissen vorkommenden Todesfälle, über welche die Anzeigen von dem Gefängnißwärter an das Direktorium desselben Bezirksgerichts erstattet und von letzterem den zuständigen Stadt- oder Landgerichten mitgetheilt werden;

c) die Todesfälle in den Gefängnissen der Stadt- oder Landgerichte, worüber die Anzeigen durch den Gefängnißwärter oder Gerichtsdiener dem Vorstande desselben Stadt- oder Landgerichtes erstattet, und von diesem, wenn das Stadt- oder Landgericht nicht selbst zur Verhandlung der Sache zuständig ist, dem zuständigen Gerichte mitgetheilt werden;

d) die in der Garnison sich ereignenden Todesfälle dienstespräsenter Militärpersonen, worüber dem in Z. 1 bezeichneten Stadt- oder Langericht durch die Abtheilung oder Dienstesstelle des Verstorbenen Mittheilung gemacht wird.

3) Die den Ortspolizeibehörden sowohl, als auch den unter Ziff. 2 lit. a genannten Verwaltungen und Vorständen obliegenden Anzeigen der Todesfälle sind nach dem anruhenden Formulare unmittelbar an das betreffende Gericht zu erstatten.

4) In denjenigen Fällen, in welchen nach gesetzlicher Bestimmung eine Sperre und Versiegelung des Rücklasses zu geschehen hat, und wegen Entfernung des Gerichtssitzes oder aus andern Gründen deren sofortige Vornahme durch das Gericht nicht zu erwarten steht, hat die Ortspolizeibehörde dieselbe unverzüglich selbst vorläufig zu bethätigen und sich deßhalb bezüglich der Vorschriften darüber, in welchen Fällen und auf welche Weise die Sperre und Versiegelung zu geschehen hat, mit dem betreffenden Stadt- oder Landgerichte zu benehmen.

Die königliche Regierung hat hienach das Weitere zu verfügen.*)

An die kgl. Regierung, K. d. J.,

. . . .

Die Erstattung von Todesanzeigen an die Civilgerichte diess. des Rheins betr.

*) Vgl. Ziff. 17, 19, 20, 21, 51. Nachdem die Sterbfälle unehelicher Kinder unter obigen Ausnahmen 2. a—d. nicht aufgeführt sind, so erscheint hiedurch die frühere Verpflichtung der Pfarrämter zur Anzeige solcher Sterbfälle als thatsächlich aufgehoben. — Siehe Ziff. 51. —

Todes-Anzeige.

I. Der verlebten Person	
1) Vor- und Zuname	Zu I. 1. . . . .
2) Alter	Zu I. 2. . . . .
3) Stand	Zu I. 3. . . . .
4) ob ledig, verheirathet, verwittwet?	Zu I. 4. . . . .
5) Zeit des Todes (Jahr, Monat, Tag, Stunde);	Zu I. 5. . . . .
6) Ort, wo die verlebte Person starb (Straße oder Platz, Hausnummer, Stockwerk);	Zu I. 6. . . . .
7) deren ständiger Wohnort, oder, wenn die verlebte Person keinen solchen hatte, deren Heimath.	Zu I. 7. . . . .
II. Ob eine letztwillige Verfügung, ein Ehe- oder Erbvertrag der verlebten Person vorhanden ist, und wo sich die hierüber aufgenommenen Urkunden befinden?	Zu II. . . . .
III. Ob dieselbe ein Vermögen hinterließ? — bewegliches oder unbewegliches? — was vorläufig zu dessen Sicherung geschah, und in wessen Besitz sich das bewegliche Vermögen befindet?	Zu III. . . . .
IV. Hinterlassene Personen	
1) Name und Aufenthalt des überlebenden Ehegatten;	Zu IV. 1. . . . .
2) Kinder	
a) Name, Stand und Aufenthalt der großjährigen;	Zu IV. 2, a. . . . .
b) Name und Alter der minderjährigen (noch nicht 21 Jahre alten).	Zu IV. 2, b. . . . .
3) Namen, Stand und Wohnort der überlebenden Eltern, Großeltern und Geschwister;	Zu IV. 3.
4) Namen, Stand und Wohnort der sonstigen nächsten Verwandten.	Zu IV 4. . . . .
V. Wenn sich unter den hinterlassenen Personen (IV) solche befinden, welche wegen Minderjährigkeit oder aus andern Gründen (Geistesschwäche, Verschwendung, Abwesenheit) einer Pflegschaft bedürfen, ist womöglich anzugeben, wer als Vormund oder Curator für sie bestellt ist, oder in Vorschlag gebracht werden kann.	Zu V. . . . .
VI. Ob die verlebte Person zur Zeit des Todes das Amt eines Vormunds oder Curators bekleidete, und für wen?	Zu VI. . . . .

Geht unter Umschlag an das k. . . . . . . gericht . . . .

(Datum)

(Fertigung der Ortspolizeibehörde oder der Verwaltung ꝛc. ꝛc., die die Anzeige erstattet.)

Bemerkungen.

Zu I. 1. Bei unehelichen Kindern ist immer der Familienname der Mutter und nach diesem auch noch der des Vaters anzugeben, wenn das Kind den väterlichen Familiennamen geführt hat.

Zu I. 7 ist eine besondere Anzeige nur dann erforderlich, wenn die verlebte Person außerhalb ihres ständigen Wohnsitzes gestorben ist.

Zu II. bedarf es keiner nähern Angabe einzelner Vermögensstücke oder bestimmter Summen.

Zu IV. 2 sind eheliche und uneheliche, leibliche und durch Wahlverwandtschaft erworbene Kinder, sowie auch schon früher verstorbene, wenn sie weitere Nachkommen hinterließen, mit genauer Bezeichnung der Letzteren anzuführen. Das Alter der minderjährigen Kinder ist womöglich durch Angabe ihrer Geburtstage zu bezeichnen.

Zu IV. 3 bedarf es nur dann einer Anzeige, wenn keine ehelichen Kinder oder Kindeskinder vorhanden sind und ebenso

Zu IV. 4 nur dann, wenn zu IV 3 keine Personen vorhanden sind, welche mit der verlebten Person durch eheliche Abstammung verwandt waren.

48.

Justizministerial-Entschließung vom 7. Dezember 1867. (Justiz-Min.-Bl. 1867. S. 289.)

Das Verfahren der Notare bei Verhandlungen, wenn in denselben Personen betheiligt sind, welche unter Pflegschaft zu stehen haben, betr.

Nach mehrfachen Wahrnehmungen ziehen manche Notare bei der Beurkundung von Verhandlungen, wenn sich unter den Betheiligten Personen befinden, welche wegen Minderjährigkeit oder aus anderen Gründen unter Pflegschaft zu stehen haben,*) und wenn für diese Personen noch kein gesetzlicher Vertreter als Vormund oder Curator aufgestellt ist, sofort eine von den übrigen Betheiligten oder von ihnen selbst gewählte Person als Vertreter bei und verpflichten dieselbe mitunter sogar eidlich oder durch Handgelöbniß, statt die Aufstellung eines solchen Vertreters durch die betreffende Pflegschaftsbehörde zu veranlassen.

Dieses Verfahren, aus welchem wegen Ungiltigkeit derartiger Verhandlungen, sehr erhebliche Nachtheile für die Betheiligten entstehen können, enthält einen Eingriff in den gesetzlich vorgeschriebenen Wirkungskreis der Pflegschaftsbehörden und darf nicht geduldet werden. Die Notare haben in solchen Fällen vielmehr, ehe sie zur Beurkundung der Verhandlungen schreiten, die Aufstellung und Verpflichtung der gesetzlich nothwendigen Vormünder und Curatoren durch die zuständige Pflegschaftsbehörde in der Art zu veranlassen, daß sie entweder den Grund, aus welchem die Bestellung der Vormundschaft oder Curatel nothwendig wurde, unmittelbar dem betreffenden Gerichte anzeigen oder die Betheiligten zur Erstattung dieser Anzeige anweisen.

In denjenigen Fällen, in welchen es wegen Gefahr auf dem Verzuge nicht möglich ist, vor der Beurkundung eine solche Anzeige zu machen, und die Aufstellung und Verpflichtung des Vormundes oder Curators durch die Pflegschaftsbehörde abzuwarten, können zwar von den Notaren Vertreter für die pflegebedürftigen Personen zugelassen werden. Diese Vertreter aber, welchen unzweifelhaft nicht die Eigenschaft als Vormünder oder Curatoren der Pfleglinge, sondern nur der Charakter als G e s c h ä f t s f ü h r e r zukommt, und die auch nur in dieser Weise zu bezeichnen sind, förmlich zu verpflichten, kommt den Notaren nicht zu. In solchen dringlichen Fällen haben übrigens die Notare nach erfolgter Beurkundung der Verhandlung die Bestellung der erforderlichen Pflegschaft durch das betreffende Gericht unverzüglich in der angeführten Weise zu veranlassen und nach erfolgter Aufstellung des Vormundes oder Curators dessen Erklärung über

*) Siehe Ziff. 35.

die von dem Geschäftsführer des Pfleglings für denselben vorgenommene Handlung zu erholen und besonders zu beurkunden. —

49.

Königl. Allerh. Verordnung v. 10. März 1868. (R.-Bl. 1868. S. 449.)

Die Uebernahme von Nebengeschäften durch Beamte und öffentliche Diener betr.

§ 1. Sämmtliche Beamte und öffentliche Diener, welche neben ihrem Amte

1) bei einer Körperschaft, einem Vereine, einer Gesellschaft oder Genossenschaft, einer Stiftung oder Wohlthätigkeitsanstalt, oder bei einem Institute zu Bildungszwecken in den Vorstand, Verwaltungsausschuß oder in eine sonstige Funktion eintreten, oder
2) ein Schiedsrichteramt, eine Testamentsvollstreckung, Vormundschaft, Curatel, Güterpflege oder eine sonstige Verwaltung oder Ordnung fremder Rechtsangelegenheiten übernehmen,

sind verpflichtet, hievon der ihnen nächstvorgesetzten Stelle oder Behörde Anzeige zu erstatten.

§ 2. Die vorgesetzten Dienstesstellen und Behörden haben die eingelangten Anzeigen vom Standpunkte der Diensteaufsicht zu würdigen, für die Aufrechthaltung der Bestimmungen des § 21 der IX. Verfassungsbeilage*) Sorge zu tragen, und es bleibt ihnen namentlich vorbehalten, im Falle eintretender oder zu befürchtender Collisionen mit Amtspflichten den betreffenden Beamten die Fortsetzung des fraglichen Nebengeschäftes zu untersagen.

§ 3. Die Erholung einer vorgängigen dienstlichen Bewilligung liegt ob:

1) denjenigen mit einer Kassenführung betrauten Beamten und öffentlichen Dienern, welche in einem der im § 1 erwähnten Fälle einer Kassenfunktion sich zu unterziehen haben, sowie
2) allen Beamten und öffentlichen Dienern, welche eine remunerirliche Funktion übernehmen wollen, gleichviel, ob die Remuneration in einer Aversalvergütung oder in einem Diätenbezuge bestehe.

§ 4. (Competenz zur Entscheidung nach § 3.)

§ 5. Die dienstlichen Bewilligungen, welche auf Grund des § 4 ertheilt werden, sind jederzeit widerruflicher Art.

Durch gegenwärtige Verordnung sind alle bisherigen Normen**) bezüglich der Uebernahme von Nebengeschäften ersetzt.

Beamte und öffentliche Diener, welche bereits übernommene Nebengeschäfte fortzusetzen wünschen, ohne spezielle Ermächtigung hiezu zu besitzen, haben binnen Monatsfrist die Anzeige nach § 1 zu erstatten, oder das Gesuch nach § 3 einzureichen.

---

*) IX. Verf.-Beil. § 21, Abs. 1 (Verbot der Führung von Gewerben u. dgl.), Abs. 2 (Verbot der Erwerbung einer Gutsrealität), Abs. 3: „Alle übrigen zulässigen Privatverhältnisse müssen aber auch in jeder Collision mit den Verhältnissen der Amtsverrichtung weichen, und können in Fällen einer Versetzung keinen Grund zu einer Reklamation darbieten.

**) Man sehe insbesondere Heft II, Abth. A, Ziff. 4, 5, 9 und Heft III, Abth. B, Ziff. 1, 2, 3, 9.

50.

Justizministerial-Entschließung vom 2. Juni 1868.
(J.-M.-Bl. 1868. S. 123.)

Die Ansprüche der Kinder an der Ueberlosung aus elterlichen Liegenschaften betr.

2c. 2c. Wenn nach eingetretener Trennung einer Ehe durch den Tod bei der Vermögensauseinandersetzung zwischen dem überlebenden Ehegatten und den Kindern dem Ersteren Liegenschaften um einen bestimmten Werthsanschlag eigenthümlich überlassen, den Kindern aber für den Fall einer weiteren Veräußerung dieser Liegenschaften Antheile an einem etwaigen Mehrerlöse über jenen Werthsanschlag — Ueberlosungsantheile — vorbehalten werden, so können in Ermangelung einer deutlichen Fassung einer solchen Uebereinkunft leicht Zweifel darüber entstehen, ob den Kindern durch diesen Vorbehalt lediglich ein persönlicher Anspruch auf Ergänzung ihrer Erbtheile durch Herauszahlung ihrer Antheile an einer allenfalls sich ergebenden Ueberlosung gegenüber dem Uebernehmer der Liegenschaften eingeräumt, oder ob nnd in wie weit Letzterem zugleich in seiner Befugniß zur Verfügung über die Liegenschaften eine Beschränkung auferlegt werden sollte, vermöge deren die weitere Veräußerung von einer Mitwirkung oder Genehmigung Seitens der Kinder abhängen würde und der Uebernehmer hinsichtlich der Belastung der Liegenschaften mit Hypothekschulden an die Zustimmung der Kinder gebunden wäre. —

Solchen Zweifeln und daraus möglicherweise entspringenden Rechtsstreiten vorzubeugen, fällt zunächst in den Wirkungskreis der Notare, welche sich darüber zu vergewissern und in den betreffenden Urkunden bündig und klar auszudrücken haben, ob und welchen Dispositionsbeschränkungen sich die Uebernehmer zur Sicherung der den Kindern vorbehaltenen Ueberlosungsantheile unterwerfen.

Hiernächst sind die Hypothekenämter verpflichtet, bei Berichtigung des Besitztitels in der zweiten Rubrik auf Grund der Uebernahmsurkunden auch die vereinbarten Dispositionsbeschränkungen des Uebernehmers mit entsprechender Deutlichkeit einzutragen, wozu die bloße Bemerkung, daß den Kindern des Uebernehmers ein gewisser Ueberlosungsantheil bedungen worden sei, nicht genügend erscheint.

Sind Pflegbefohlene betheiligt, so haben insbesondere auch die Stadt- und Landgerichte, welchen die obervormundschaftliche Prüfung und Genehmigung der Vermögensauseinandersetzung zukommt, darauf zu dringen, daß in der angedeuteten Weise durch klare Fassung der Vertragsbestimmungen und der hierauf sich stützenden Hypothekenbucheinträge die dereinstige Geltendmachung der Ueberlosungsansprüche ihrer Pflegbefohlenen gehörig gesichert werde. —

51.

Entschließung des k. Staatsministeriums des Innern für Kirchen- und Schulangelegenheiten vom 23. Februar 1869. (K.-A.-Bl. für O.-B. 1869. S. 503.)

Die Anzeigen der Pfarrämter an die Gerichte über die Geburten u. Todesfälle unehelicher Kinder, dann über die Legitimation solcher Kinder durch nachfolgende Ehe betr.

Nach einer Mittheilung des k. Staatsministeriums der Justiz ist wiederholt die Wahrnehmung gemacht worden, daß von den Pfarrämtern die Anzeigen über die Geburten, Todesfälle und Legitimationen unehelicher Kinder durch nachfolgende Ehe, welche von denselben an die Stadt- und Landgerichte zu erstatten sind, nicht selten sehr verspätet an diese Gerichte gelangen, wodurch sich die Bestellung und Erledigung der Pflegschaften bedeutend verzögert.

Das unterfertigte k. Staatsministerium sieht sich deßhalb veranlaßt, die bestehenden hieher bezüglichen Anordnungen, insbesondere die Entschließungen des königl. Staatsministeriums des Innern vom 11. Juni und 4. Juli 1841 Nro. 12066 u. 15138*), dann die Entschließung des unterfertigten k. Staatsministeriums des Innern beider Abtheilungen vom 8. Juli 1860 Nro. 5553**) zur genauen Darnachachtung in Erinnerung zu bringen.

Den Pfarrämtern liegt hienach die Verpflichtung ob, sämmtliche in ihrem Pfarrbezirke vorkommenden Geburten unehelicher Kinder, von welchen dieselben nach Vorschrift der k. Allerhöchsten Verordnung vom 13. Juni 1862, die Anzeige von Entbindungen betr. (R.-Bl. S. 1196***) Kenntniß erhalten, ohne Rücksicht, ob die Taufe der Kinder bereits erfolgte, allmonatlich in einem tabellarischen Verzeichnisse den einschlägigen Gerichten anzuzeigen, und in jenen Fällen, in welchen die Taufe eines unehelichen Kindes noch nicht erfolgt war, den Taufnamen in der nächsten Monatsanzeige nachzutragen.

Den Pfarrämtern ist ferners zur Pflicht gemacht, gleiche Anzeige von den Legitimationen unehelicher Kinder durch nachfolgende Ehe an die Pflegschaftsgerichte zu erstatten.†)

Dagegen werden den Pfarrämtern die ihnen bisher aufgetragenen Anzeigen über die Todesfälle unehelicher Kinder im Einverständnisse mit dem k. Staatsministerium der Justiz nunmehr erlassen, nachdem durch das Ausschreiben des k. Staatsministeriums des Innern vom 26. November 1866 (Minist.-Bl. für K.- u. Sch.-Ang. S. 370 ff. ††) für die rechtzeitige Erstattung der Anzeigen hierüber an die Gerichte in anderer Weise Sorge getragen wurde.

Die k. Kreisregierungen, K. d. J., werden beauftragt, im Benehmen mit den kirchlichen Oberbehörden die sämmtlichen Pfarrämter ihres Regierungsbezirkes zum entsprechenden Vollzug gegenwärtiger Entschließung geeignet anzuweisen. —

*) Siehe oben Ziff. 19 u. 20.
**) Lithographirt.
***) Siehe Ziff. 36.
†) Siehe Ziff. 27, 28.
††) Siehe Ziff. 47.

C.

Erziehungswesen.

1.

Verordnung vom 18. Mai 1803. (Döll. VIII. S. 38. § 13.)
(R.-Bl. 1803. S. 321.)

Die Religionsverhältnisse der Kinder bei vermischten Ehen betr. *)

1. Den Verlobten soll eine uneingeschränkte Freiheit belassen werden, beim Eintritt in die Ehe mit Beirath ihrer Eltern oder Vormünder**) die Religionsverhältnisse ihrer künftigen Kinder in ordnungsmäßigen Ehepakten nach den in jeder Provinz hergebrachten Formen zu bestimmen.***)

2. Finden sie während ihrer Ehe aus wohlüberlegten Ursachen räthlich, in ihrer eingegangenen Eheberedung Abänderungen zu treffen, so soll ihnen dieses zwar gestattet sein, jedoch nicht anders als unter Beobachtung der nemlichen gesetzlichen Formen, welche für die Errichtung giltiger Ehepakten vorgeschrieben sind.†)

3. Wenn die Contrahenten vor oder bei ihrer Verehelichung über die Religionsverhältnisse ihrer künftigen Kinder auf die bemerkte Art nichts verabredet haben, so sollen weitere Verträge hierüber während ihrer Ehe nicht mehr statthaben, sondern die Söhne sollen in dem Glaubensbekenntnisse des Vaters, und die Töchter in dem Glauben der Mutter bis zur Errichtung der Diskretionsjahre, welche für beide Geschlechter auf das zurückgelegte achtzehnte Jahr††) festgesetzt werden, erzogen werden.†††)

4. Nachdem sie aber zu diesem Jahresziel gelangt sind, so soll es von ihrer freien Wahl abhängen, zu einer oder der anderen der im deutschen Reiche eingeführten 3 christlichen Kirchen überzutreten. †*)

---

*) Vgl. II. Verf.-Beil. Relig.-Edikt v. 26. Mai 1818. § 12—23. (Heft II. Z. 13.) —
**) S. dagegen unten Ziff. 18 und II. Verf.-Beil. § 6 u. 13.
***) S. II. Verf.-Beil. § 12, 13. — Vgl. unten Ziff. 5, 15, 17, 18, 19, 20.
†) S. II. Verf.-Beil. § 12, 18. — Vgl. unten Ziff. 5, 15, 17, 18, 19, 20.
††) Nun das 21. Jahr: s. II. Verf.-Beil. § 6.
†††) S. II. Verf.-Beil. § 14. — Vgl. Ziff. 5, 17, 18, 19, 20.
†*) S. II. Verf.-Beil. §. 5, 6. — Vgl. Ziff. 3, 6, 15, 21, 24, 25, 27, 33.

5. Weder dem den andern überlebenden Ehegatten, noch den Vormündern ist es erlaubt, in diesen gesetzlich bestimmten Religionsverhältnissen eine Aenderung zu machen, sondern sie sind gehalten, die angefangene Erziehung in dem bestimmten Glaubensbekenntnisse bis zu den Diskretionsjahren der Kinder vollenden zu lassen. *)

ꝛc. ꝛc.

2.

Verordnung vom 14. September 1804. (R.-Bl. 1804. S. 873.)

Die von den Vormündern auf fremde Universitäten zu verschickenden Mündel betr.

Seine Churfürstliche Durchlaucht finden sich veranlaßt, die gesetzliche Bestimmung zu treffen, daß jeder Vormund, welcher seinem gegen die Gesetze auf einer ausländischen Schule oder Universität studirenden Mündel etwas von seinem Vermögen ausfolgen läßt, zum Rückersatz aus seinem Vermögen gehalten, und durch diese gesetzwidrige Handlung als der Vormundschaft begeben angesehen sein solle.

Die betreffende Obrigkeit hat daher in solchen Fällen sogleich für die Bestellung einer anderen Vormundschaft Sorge zu tragen, und es dem aufgestellten Vormund zur besonderen Pflicht zu machen, daß unter dessen Aufsicht die wiederersetzte Summe zur ferneren Bildung des Curanden im Inlande verwendet werde. —

3.

Allerhöchstes Reskript vom 13. März 1807. (Döll. VIII. S. 51. § 26.)

Die Religionserziehung unehelicher Kinder betr.

ꝛc. ꝛc. Auf obige Anfrage ꝛc. ertheilen wir die Entschließung „daß den protestantischen Müttern unehelicher Kinder ohne einige Beschränkung gestattet werden solle, diese in ihrer Religion taufen und erziehen zu lassen **), insolange nicht eine wirkliche Ehelichung mit dem katholischen Vater erfolgt, in welchem Falle unsere Verordnung vom 18. Mai 1803 eintritt." ***)

Hienach sind sämmtliche Landgerichte anzuweisen, und sollten einige Fälle von solchen erzwungenen Religionserziehungen unehelicher Kinder existiren, wo die Kinder das Diskretionsjahr noch nicht erreicht haben, so soll mit Aufhebung des bisherigen Zwanges der Mutter freigelassen werden, das Kind in ihrer Religion zu erziehen. †) ꝛc. ꝛc.

---

*) S. II. Verf.-Beil. § 8, 9, 16, 17, 23. — Vgl. Ziff. 5, 24, 33.

**) S. nun II. Verf.-Beil. § 21 u. 14. — Vergl. Ziff. 1, 4, 10, 11, 12, 17, 19, 29, 30. —

***) Vergl. Ziff. 1, 6, 15, 21, 24, 25, 27, 33.

†) S. Ziff 1, 6, 15, 21, 24, 25, 27, 33.

4.

Entschießung des königl. Staatsministeriums des Innern vom 9. März 1808.

Die religiöse Erziehung unehelicher Kinder betr.

Auf den Anfragebericht des ꝛc. vom ꝛc. wie es mit der religiösen Erziehung unehelicher Kinder, die zwar vom Vater anerkannt sind, aber der Mutter überlassen bleiben, zu halten sei, wenn diese einen Mann ihrer Confession ehelicht, wird andurch erwidert, daß die bloße Paternitätserklärung noch für keine Anerkennung des unehelichen Kindes von Seite des Vaters geachtet werden kann, sondern hiezu gehöre, daß dieser elterliche Gewalt über das Kind ausübe, und für dessen Erziehung sorge.*) — Im entgegengesetzten Falle folgt das Kind der Mutter.

5.

Verordnung v. 11. Mai 1815. (Döll. VIII. S. 40. — R.-Bl. 1815. S. 581.)

Die religiöse Erziehung der Kinder aus gemischten Ehen betr.

I. In gemischten Ehen wird die religiöse Erziehung der Kinder durch Verträge und wechselseitige Uebereinkünfte zwischen den Braut- und Eheleuten bestimmt.**)

II. Diese Verträge und Uebereinkünfte müssen auf die nemliche Art wie die Eheverträge abgeschlossen werden.***)

III. Da die Verträge über die Religionsbestimmung der Kinder die Natur einer beiderseitigen freien Uebereinkunft haben, so können dieselben sowohl vor als während der Ehe durch beiderseitige Einwilligung der Braut- oder Eheleute aufgehoben oder abgeändert werden, jedoch nur mit Beobachtung der gesetzlichen Form, welche für die Eheverträge überhaupt vorgeschrieben ist.†)

IV. Hingegen kann nach dem Ableben eines Ehegatten von dem überlebenden Theile in Ansehung der Religionserziehung der Kinder von dem geschlossenen Vertrage einseitig nicht abgegangen werden.††)

V. Auch können Vormünder oder obrigkeitliche Personen gegen den bestehenden Vertrag nicht anders verfügen.†††)

6.

Entchließung des königl. Staatsministeriums des Innern vom 31. Januar 1830. (Döll. VIII. S. 50. § 23.)

Die religiöse Erziehung der Kinder betr.

(Kinder aus ungemischten Ehen folgen dem Glaubensbekenntnisse der Eltern in Ansehung ihrer religiösen Erziehung. Eine Aenderung darf nur unter den

---

*) S. nun II. Verf.-Beil. § 19, 20. — Vergl. Ziff. 3, 10, 11, 12, 17, 19, 29, 30.
**) S. II. Verf.-Beil. § 12, 13.
***) S. II. Verf.-Beil. § 12, 13. — Vgl. Ziff. 19, 22. —
†) Vgl. Ziff. 1, 17, 18, 19, 20. —
††) S. II. Verf.-Beil. § 16. — Vgl. Ziff. 1, 24, 33.
†††) S. II. Verf.-Beil. § 23. — Vgl. Ziff. 7, 18, 26.

durch Beil. II zur Verf.=Urk. § 5—7 bezeichneten Voraussetzungen eintreten. *) Eine Dispensation von den allgemeinen Vorschriften in Ansehung des Religionsunterrichtes an den öffentlichen Anstalten und des Kirchenbesuches kann nur durch die dringendsten Gründe, (dergleichen aber Religionsansichten der Eltern nicht sind) gerechtfertigt werden. Ebenso unzulässig ist die willkürliche Taufnamensveränderung. **)

7.

Entschließung des königl. Staatsministeriums des Innern vom 1. Juli 1832. (Döll. VIII. S. 41.)

Die religiöse Erziehung katholischer Kinder der zur protestantischen Kirche übergetretenen Einwohner von N. betr.

ꝛc ꝛc.

Das k. Landgericht N. ist dahin zu instruiren, daß es sich

1) in diese Sache von Amtswegen nicht einmische ***), daß es aber
2) auf eine etwa einlaufende Beschwerde der nach dem Religionsedikt zur Aufsicht und Aufforderung an die Behörden befugten Personen und geistlichen Behörden vorbehaltlich der Berufung an die k. Regierung das Geeignete verfassungsmäßig verfüge. †) —

8.

Entschließung des königl. Staatsministeriums des Innern vom 3. Januar 1833. (Döll. VIII. S. 41. § 17.)

Die religiöse Erziehung des Frhr. v. N. betr.

ꝛc. ꝛc.

(Das einmal in einer Religion geborne Kind kann nach § 7 der III. Verf.=Beil. erst mit erreichter Volljährigkeit zu der andern übertreten; der mit allen Formalitäten des § 10 versehene Religionswechsel der Eltern oder eines derselben kann aber auf die Religion der schon gebornen Kinder keinen Einfluß haben, daher Frhr. v. N. bis zum vorschriftsmäßigen Unterscheidungsalter der gesetzlichen Volljährigkeit in katholischer Religion (wie bisher) zu erziehen sei. ††)

9.

Auszug aus dem Landrathsabschiede für den Rezatkreis vom 19. Oktober 1832. Ziff. VI. Nro. 12.

(Reg.=Bl. 1832. S. 821. Döll. XII. S. 488. XIII. S. 762. R.=Bl. 1832. S. 821.)

„Das Erkenntniß über die Alimentationspflicht der Väter unehelicher Kinder und über das Maaß dieser Alimentation ist ein Gegenstand der Civilrechtspflege,

---

*) Vgl. Ziff. 1, 3, 8, 15, 20, 21, 24, 25, 27, 33.
**) Vgl. die Abtheilung B dieses Heftes Ziff. 43, 44.
***) Vgl. Ziff. 5, 16, 18, 26, 23, 31. 36. —
†) S II. Verf.=Beil. § 23. — Vgl. Ziff. 9, 14, 28. —
††) Vgl. Z. 13, 20, 32. —

und der den Gerichten obliegenden Subsumtion der einzelnen Fälle unter die bestehenden Gesetze; eine nähere Bestimmung des Maßes der abzureichenden Alimente aber kann nur im gesetzlichen Wege getroffen werden. *)

Auch ist den Armenpflegschaftsräthen und den mit so wesentlichem Einflusse auf dieses Institut gesetzlich begabten Ortsgeistlichen die besondere Aufsicht auf die Verpflegung und Erziehung älternloser und Hilfe bedürftiger Kinder eingeräumt, **) und Wir hoffen, diese wohlthätige, bisher vielfach vernachlässigte Anordnung durch die Verfügungen erkräftigt zu sehen, welche unser Staatsministerium des Innern auf unsere Befehle zu lebendigem zweckmäßigen Vollzuge der Verordnung vom 17. Nov. 1816 überhaupt zu treffen im Begriffe steht.

10.

Entschließung des königl. Staatsministeriums des Innern vom 14. Juni 1835. (Döll. VIII. S. 53. § 28.)

Die religiöse Erziehung des unehelichen Sohnes des N. betr.

(Wenn der Vater des unehelichen Kindes dasselbe gerichtlich anerkannt hat, so ist es nach seinem Glaubensbekenntnisse und nicht nach dem der Mutter erziehen zu lassen. ***)

11.

Entschließung des königl. Staatsministeriums des Innern vom 7. Oktober 1835. (Döll. VIII. S. 53. § 29.)

Die religiöse Erziehung der unehelich erzeugten Kinder des N. betr.

(Nach dem Grundsatze, daß der Wechsel des einmal einem Individuo zuerkannten Bekenntnisses nur von dessen eigenem Ermessen und vor dem Eintritte in das Unterscheidungsalter abhängig zu machen sei, den einzigen Fall des Religionswechsels von Seite eines Ehegatten, und des dadurch bewirkten gleichmäßigen Religionsstandes beider Eltern ausgenommen, sind die noch im Zustande der väterlichen Nichtanerkennung geborenen unehelichen Kinder gemäß § 21 der II. Verf.-Beil. auch dann noch, wenn sie in Folge der später stattgehabten ehelichen Verbindung ihrer natürlichen Eltern vom Vater anerkannt und beziehungsweise per subsequ. matrim. legitimirt worden sind, und der Vertrag der Eltern über die religiöse Erziehung dieser sowie der in der Ehe erzeugt werdenden Kinder erst mit dem Zeitpunkte dieser Anerkennung erfolgte, als dem Glaubensbekenntnisse der Mutter angehörend zu betrachten. †)

---

*) Vgl. Ziff. 7, 14, 28, u. das folg. Heft IV. —
**) S. II. Verf.-Beil. § 23. — Vgl. Ziff. 5, 7, 16, 23, 31, 36. —
***) S. II. Verf.-Beil. § 21. — Vgl. Ziff. 3, 4, 11, 12, 17, 19, 29, 30.
†) Vgl. Ziff. 3, 4, 10, 12, 17, 19, 29, 30.

12.

Entschließung des königl. Staatsministeriums des Innern vom 14. Februar 1836. (Döll. VIII. S. 54.)

Die Taufe des unehelichen Kindes der N. betr.

(Wenn ein außereheliches jüdisches Kind mit Zustimmung seiner Mutter in der Minderjährigkeit christlich getauft worden ist, so kann ein Rücktritt desselben zum mosaischen Glauben amtlich nicht verfügt werden. *)

13.

Entschließung des königl. Staatsministeriums des Innern vom 25. Februar 1836. (Döll. VIII. S. 50.)

Die Nichtanwendbarkeit der §§ 14 u. 18 in der II. Verf.-Beil. auf die religiöse Erziehung von Kindern aus einer ursprünglich ungemischten Ehe, wenn nach Eingehung derselben ein Ehegatte das Glaubensbekenntniß ändert, betr.

ꝛc. ꝛc. **)

14.

Entschließung des königl. Staatsministeriums des Innern vom 23. März 1836. (Döll. VIII. S. 55.)

Die religiöse Erziehung des unehelichen Kindes der B. N. betr.

(Die amtliche Entscheidung der Frage über religiöse Erziehung der Kinder in den Fällen der §§ 12—22 der II. Verf.-Beil. kompetirt zur Geschäftszuständigkeit jener Verwaltungsbehörden, in deren Amtsbezirke die betheiligten Eltern mit dem zu erziehenden Kinde in dem Zeitpunkte wohnen, in welchem diese Entscheidung zu ertheilen ist, und die Wirkung der auf solchem Wege erfolgten definitiven Entscheidung ist von nachfolgenden Wohnorts- oder Aufenthaltsveränderungen unabhängig. ***)

15.

Entschließung des königl. Staatsministeriums des Innern vom 12. Januar 1837. (Döll. VIII. S. 43.)

Die religiöse Erziehung des N. betr.

(Verträge der Ehegatten über die religiöse Erziehung der Kinder können einseitig nicht abgeändert werden. †) Ist aber ein Kind dennoch durch Communion oder Confirmation in eine andere Confession förmlich aufgenommen worden, so kann der Glaubenswechsel nach § 18 der II. Verf.-Beil. von Amts-

---

*) S. II. Verf.-Beil. § 1, 2. — Vgl. Ziff. 32. —

**) Vgl. Ziff. 8 u. 32.

***) Aehnliche Entschl. wurde erlassen vom königl. Staatsministerium d. Innern unterm 20. September 1836. (Döll. VIII. S. 56.) — Vgl. Ziff. 7, 9, 28.

†) S. II. Verf.-Beil. § 12. —

wegen nicht mehr verfügt werden, und ist die Sache bis zum erlangten Unterscheidungsjahre des Kindes zu belassen. *)

16.

Entschließung des königl. Staatsministeriums des Innern vom 11. Sept. 1837. (Döll. VIII. S. 44.)

Die Anwendung des § 23 der II. Verf.-Beil. betr.

(Auch den Pfarrämtern kommen die Rechte zu, welche der § 23 der II. Verf.-Beil. den geistlichen Obern rücksichtlich der religiösen Erziehung der Kinder aus gemischten Ehen einräumt. Es sind daher dem Pfarramte die erlangten Nachweisungen hinsichtlich der religiösen Erziehung der Kinder nicht zu verweigern. **)

17.

Entschließung des königl. Staatsministeriums des Innern vom 31. Mai 1838. (Döll. VIII. S. 45.)

Die Anwendung der Bestimmungen in § 12—23 der II. Verf.-Beil. über die religiöse Erziehung der Kinder aus gemischten Ehen ꝛc. betr.

I. Nach einer richtigen doktrinellen Auslegung der Bestimmungen in §§ 12—23 des Ediktes Beil. II zur Verf.-Urk. kann es keinem Zweifel unterliegen, daß bei gemischen Ehen den Eltern das Recht zustehe, sowohl vor und bei Eingehung der Ehe als auch während der Dauer derselben nach Gutbefinden über die religiöse Erziehung ihrer Kinder vertragsmäßige Bestimmungen zu treffen und die eingegangenen Uebereinkünfte in beiderseitigem Einverständnisse zu jeder Zeit wieder abzuändern, so lange die Kinder nicht durch die Communion oder Confirmation in eine bestimmte Kirche eingetreten sind. ***) —

ꝛc. ꝛc.

II. Ebenso unzweifelhaft erscheint es, gemäß § 20 der II. Verf.-Beil., daß das erwähnte Recht den Eltern auch bezüglich der durch nachfolgende Ehe legitimirten Kinder zukomme. †) —

18.

Entschließung des königl. Staatsministeriums des Innern vom 22. Juni 1838. (Döll. VIII. S. 47.)

Die religiöse Erziehung der Kinder des N. betr.

ꝛc. ꝛc.

Die Giltigkeit der Eheverträge bezüglich der religiösen Erziehung der Kinder aus gemischten Ehen ist nach § 13 der II. Verf.-Beil. sowohl in Rücksicht der Form als der Zeit der Errichtung, nach den bürgerlichen Gesetzen zu beurtheilen.

---

*) Vgl. Ziff. 1, 3, 6, 21, 24, 25, 27, 33.
**) Vgl. Ziff. 5, 7, 16, 18, 23, 26, 31, 36.
***) S. II. Verf.-Beil. § 12, 18. — Vgl. Ziff. 1, 5, 18, 19, 20.
†) Vgl. Ziff. 3, 4, 10, 11, 17, 19, 29, 30. — II. Verf.-Beil. § 20.

Nach Cod. civ. P. IV. Cap 1. § 12. Ziff. 1 kann jedoch Niemand Verträge schließen, dem es an genugsamen Willen und Verstande ermangelt, weßhalb auch nach Thl. I. cap. 6. § 29. l. c. u. Ziff. 2 der Annotationen hiezu sonderbar bei Minderjährigen die Ehepakten von ihren Curatoribus errichtet werden.

Was nun aber die Wahl des Glaubensbekenntnisses anbelangt, so stellt die II. Verf.=Beil. im § 6 den Grundsatz auf,

> daß Niemanden vor Erreichung des Unterscheidungsalters — der gesetzlichen Volljährigkeit — die Fähigkeit zuzugestehen sei, mit eigener freier Ueberzeugung die Wahl des Glaubensbekenntnisses zu treffen.

Fehlt nun diese Fähigkeit einem Individuum bezüglich seiner eigenen Person, so kann sie demselben unmöglich bezüglich Dritter zugestanden werden, — und wie das Unterscheidungsalter durch die Venia aetatis nicht suplirt wird, und dem Minderjährigen auch nicht mit Consens des Curators die Befugniß zukommt, die Wahl seines eigenen Glaubensbekenntnisses zu treffen, so kann denselben unter der nemlichen Voraussetzung auch nicht das Recht zustehen, über die religiöse Erziehung seiner eigenen Kinder durch Vertrag giltige Bestimmungen zu treffen. *)

2c. 2c.

19.

Entschließung des königl. Staatsministeriums des Innern vom 17. Juni 1838. (Döll. VIII. S. 56.)

Die religiöse Erziehung des unehelichen Knaben N. betr.

1. Nach § 12—23 der II. Verf.=Beil. steht bei gemischten Ehen den Eltern das Recht zu, nicht allein vor und bei Eingehung der Ehe, sondern auch während der Dauer derselben nach Gutbefinden über die religiöse Erziehung ihrer Kinder vertragsmäßige Bestimmungen zu treffen, und die eingegangenen Uebereinkünfte im beiderseitigen Einverständnisse zu jeder Zeit wieder abzuändern, so lange nicht die Kinder durch die Communion oder Confirmation in eine bestimmte Kirche eingetreten sind.

Dieses Recht ist in dem allgemeinen Familienbande und in der elterlichen Gewalt begründet. **)

2. Die entgegenstehenden Bestimmungen einiger Civilgesetze sind durch die Verfassungsurkunde derogirt.

3. Die beschränkende Bestimmung des § 13 der II. Verf.=Beil. bezieht sich nur auf die darin erwähnten Eheverträge, nicht aber auf die im § 14 neben den Ehepakten als zulässig erklärten „sonstigen Verträge". ***)

4. Auch in Beziehung auf außereheliche Kinder kommt den Eltern im Allgemeinen das Recht zu, das konfessionelle Verhältniß solcher Kinder durch beiderseitiges Uebereinkommen festzusetzen, dem Vater steht jedoch ein Bestimmungs= und Einwilligungsrecht nur insoweit zu, als er das betreffende außereheliche Kind anerkannt hat, oder durch rechtskräftiges richterliches Erkenntniß

*) Vgl. Ziff. 1, 5, 7, 17, 19, 20, 26.
**) Vgl. Ziff. 1, 5, 17, 18, 20.
***) Vgl. Ziff. 5, 22.

für den Vater erklärt worden ist, und in dem einen, wie in dem anderen Falle die damit verbundene Alimentationspflicht erfüllt. *)

20.

Entschließung des königl. Staatsministeriums des Innern vom 13. Juli 1838. (Döll. VIII. S. 47.)

Die Religionserziehung von Kindern aus ungemischten Ehen betr.

(Die Grundsätze der Ministerialentschließung vom 31. Mai 1838**) werden erneuert und dahin erweitert, daß dasselbe Recht in demselben Maße auch den in ungemischter Ehe lebenden Eltern zustehe, und daß die für den Fall des Uebertritts eines Ehegatten zur Confession des andern im § 18 der II. Verf.-Beil. getroffene subsidiäre Bestimmung dem freien Dispositionsrechte der Eltern keinen Eintrag thun kann, sondern vielmehr dasselbe voraussetzt. ***) —

21.

Entschließung des königl. Staatsministeriums des Innern vom 8. April 1839. (Döll. XXIII. S. 2.)

Die Beschwerde wegen Aufnahme der M. B. in die römisch-kathol. Kirche betr.

Aus den im b. B. gepflogenen Verhandlungen hat sich ergeben, daß N. die in der protestantischen Religion erzogene und konfirmirte, noch nicht volljährige M. B. ohne Wissen ihrer Eltern und ohne vorhergegangene Erklärung bei dem einschlägigen geistlichen Vorstande ihrer Confession das katholische Glaubensbekenntniß ablegen ließ, und daß solche durch Beicht und Communion in die katholische Kirche aufgenommen wurde. Da dieses Verfahren offenbar die §§ 6 u. 10 der Beilage II zur Verfassungsurkunde verletzt, so kann dem Uebertritte der M. B. zu der katholischen Kirche aus dem politischen Standpunkte dann erst verfassungsmäßige Giltigkeit beigelegt werden, wenn dieselbe nach erreichtem Unterscheidungsalter die in der II. Verf.-Beil. vorgezeichneten Bedingungen erfüllen wird. — rc. rc. †)

22.

Entschließung des k. Staatsministeriums des Innern vom 20. Februar 1840. (Döll. XXIII. S. 25.)

Die religiöse Erziehung des N. betr.

Zur Giltigkeit einer Uebereinkunft der Eltern über die religiöse Erziehung ihrer Kinder aus gemischter Ehe können andere Förmlichkeiten nicht gefordert

---

*) S. II. Verf.-Beil. § 21. — Zu solchen Verträgen kann also die Einwilligung des Vormundes als unerläßliche Vorbedingung nicht gefordert werden. — Vergl. übrigens Ziff. 3, 4, 10, 11, 17, 29, 30. —

**) S. oben Ziff. 17. — Vgl. Ziff. 15, 18, 19.

***) S. II. Verf.-Beil. § 12, 18, 20, 5, 6. — Vergl. Ziff. 6, 8.

†) Vgl. Ziff. 1, 6, 15, 24, 25, 27, 33.

werden, als jene, durch welche nach den an einem jeden Orte bestehenden bürgerlichen Gesetzen die Rechtsbeständigkeit von Verträgen überhaupt bedingt ist. Wo daher besondere Vorschriften deßfalls nicht bestehen, genügt das beiderseitige Einverständniß.*)

ꝛc. ꝛc.

23.

Entschließung des k. Staatsministeriums des Innern vom 12. April 1842. (Döll. XXIII. S. 26.)

Die religiöse Erziehung des N. betr.

(Die Verwaltungsbehörden sind nach § 23 der II. Verf.-Beil., Tit. X der Verf.-Urk. und § 34 der Instr. v. 17. Dezbr. 1825 berechtigt und verpflichtet, auch von Amtswegen einzuschreiten. **) —

24.

Entschließung des k. Staatsministeriums des Innern vom 13. August 1843. (Döll. XXIII. S. 8.)

Die Aufnahme des unmündigen J. V. in den katholischen Religionsunterricht durch Pfarrer N. betr.

Die Beilagen der Berichte . . . . werden der k. Regierung mit dem Beifügen zurückgeschlossen, daß J. V., nachdem er bereits durch Empfang des hl. Sakramentes der Communion förmlich in die katholische Kirche aufgenommen worden ist, im Hinblicke auf die Bestimmung des § 19 der Beil. II der Verf.-Urk. bis zum erreichten Unterscheidungsalter in dem katholischen Glaubensbekenntnisse zu belassen ***), das Verfahren des Pfarrers N. aber um so ernstlicher zu mißbilligen sei, als bei diesem noch unmündigen Knaben von einer Wahl des Glaubensbekenntnisses und ebendeßhalb von der Ausübung des allgemeinen Rechtes der Glaubens- und Gewissensfreiheit keine Sprache sein kann, demselben vielmehr der katholische Religionsunterricht und die Aufnahme in die katholische Kirche, den Bestimmungen des § 14 der Beil. II zur Verf.-Urk. entgegen, nur auf Verlangen seiner protestantischen Mutter zu Theil wurde, dieser letzteren aber nach § 16 ebendaselbst eine Befugniß nicht zukomme, über die religiöse Erziehung ihres ersteheliche Sohnes eigenmächtig Verfügungen zu treffen. †) —

---

*) S. II. Verf.-Beil. § 12, 13, 14. — Vergl. Ziff. 5, 19.
**) Vgl. Ziff. 7, 16, 31, 36.
***) Vgl. Ziff. 1, 6, 15, 21, 25, 27, 33.
†) Vgl. Ziff. 1, 5, 33, 34.

25.

Entschließung des k. Staatsministeriums des Innern vom 30. November 1843. (Döll. XXIII. S. 9.)

Die Aufnahme der minderjährigen S. in die katholische Kirchengemeinschaft betr.

Auf den Bericht . . . wird . . . erwidert, daß im Hinblicke auf die Bestimmung des § 6 der Beil. II zur Verf.=Urk. dem Uebertritte der minderjährigen S. von dem protestantischen zu dem katholischen Glauben bezüglich der äußeren Rechtsverhältnisse eine Folge nicht gegeben werden könne, S. vielmehr in dieser Beziehung bis zur Erreichung des gesetzlichen Unterscheidungsalters fortan als Mitglied der protestantischen Pfarrgemeinde zu betrachten und zu behandeln sei, daß aber im Hinblicke auf die a. V. v. 15. Sept. 1821, den Vollzug des Konkordates betr., eine weitere, das Gebiet der Gewissens= und Glaubensfreiheit berührende Einschreitung als zulässig nicht erscheine.*) —

26.

Justizministerial=Entschließung vom 3. Februar 1844. (Döll. XXIII. S. 32. § 1831.)

Die religiöse Erziehung der Kinder durch deren Vormünder betr.

Nach einer vorliegenden Anzeige wird bei gerichtlicher Bestellung von Vormündern auf die Verschiedenheit des Glaubens derselben von jenem der Pflegebefohlenen nicht immer eine der Natur der Sache angemessene Rücksicht genommen.

Nachdem nun aber die Religion der vorzüglichste Gegenstand der Erziehung der Kinder ist, und nur der Vormund des nemlichen Glaubensbekenntnisses das Recht der ihm zustehenden Ueberwachung der religiösen Erziehung eines Pflegbefohlenen am wirksamsten ausüben, sowie die ihm hierin obliegenden Pflichten am vollständigsten erfüllen kann, so wird das k. Appellationsgericht beauftragt, die sämmtlichen Gerichte seines Bezirkes anzuweisen, bei der Wahl und Bestellung der Vormünder, soweit solches mit den bürgerlichen Gesetzen vereinbarlich ist, möglichst darauf Bedacht zu nehmen, daß dieselben mit den zu Bevormundenden dem gleichen Glaubensbekenntnisse angehören.**) —

27.

Allerh. Reskript vom 26. April 1845. (Döll. XXIII. S. 13.)

Die Beschwerde bezüglich vorgekommener Religionsänderungen betr.

2c. 2c. Nach diesen Vorgängen und Grundsätzen kann und darf in dem vorliegenden Falle den Bestimmungen der §§ 5 u. 6 der II. Verf.=Beil. keine

---

*) Vgl. Ziff. 1, 6, 15, 21, 24, 27, 33.

**) Man sehe oben in der Abtheilung B dieses Heftes Ziff. 23 u. 26 die Appellationsgerichts=Ausschreibungen vom 9. Februar 1844 und 16. Mai 1848. (J.=Bl. v. O.=B. 1844. S. 257; 1848. S. 764.) — Vgl. Ziff. 5, 7, 18, 26. —

andere Auslegung gegeben werden, als daß die Ungiltigkeit einer Religionsänderung, insoferne sie aus dem Mangel der gesetzlichen Großjährigkeit abgeleitet wird, lediglich auf die politischen und bürgerlichen Rechtsverhältnisse sich beziehe, das kirchliche Gebiet aber unberührt lasse. ꝛc. ꝛc. *)

28.

Entschließung des k. Staatsministeriums des Innern vom 18. November 1846. (Döll. XXIII. S. 32.)

Die konfessionelle Erziehung der K. betr.

(Nach § 34 der Formationsverordnung v. 17. Dez. 1825 steht die Entscheidung entstehender Streitfragen über die religiöse Erziehung der Kinder, hinsichtlich welcher die II. Verf.-Beil. eine Ausnahmsbestimmung nicht getroffen hat, der Distriktspolizeibehörde in I. und der Kreisregierung in II. Instanz zu. **)

29.

Allerh. Reskript vom 14. März 1849. (Döll. XXIII. S. 29. § 1828.)

Die religiöse Erziehung des unehelichen Knaben K. betr.

(Solange der außereheliche Vater die privatrechtliche Erziehungsbefugniß über seinen Sohn rechtsbeständig nicht erlangt hat, ist das ausschließliche Erziehungsrecht der im Besitze der elterlichen Gewalt sich befindenden Mutter nach dem hier einschlagenden § 21 der II. Verf.-Beil. nicht zu beanstanden. — § 18 der II. Verf.-Beil. ist hier nicht anwendbar. ***) —

30.

Entschließung des k. Staatsministeriums des Innern für Kirchen- und Schulangelegenheiten vom 23. März 1849. (Döll. XXIII. S. 30. § 1829.)

Die Taufe des außerehelichen Knaben der katholischen K. betr.

(Die Uebung des elterlichen Rechtes über die konfessionelle Erziehung des Kindes von Seite der außerehelichen Mutter ist nicht zu beanstanden. †)

31.

Ausschreiben der k. Regierung von Oberbayern, K. d. J., vom 21. April 1849. (J.-Bl. v. O.-B. S. 601.)

Aufsicht auf die unehelichen und sogenannten Kostkinder betr.

(Diese Entschließung ist oben im allgemeinen Theile A dieses Heftes Ziff. 31 abgedruckt. ††) —

---

*) Vgl. Ziff. 1, 6, 15, 21, 24, 25, 33.
**) Vergl. Ziff. 7, 9, 14, 28.
***) Vgl. Ziff. 3, 4, 10, 11, 17, 19, 30.
†) In gleicher Weise wurde entschieden durch Entschl. deff. St.-M. v. 12. April 1850. — (Döll. XXIII. S. 30. § 1830.) Vgl. II. Verf.-Beil. § 21. — Vgl. Ziff. 3, 4, 10, 11, 17, 19, 29.
††) Vgl. Ziff. 5, 7, 16, 18, 23, 26, 36.

32.

Entschließung des k. Staatsministeriums für Kirchen- und Schulangelegenheiten v. 7. Jänner 1850. (Döll. XXIII. S. 19.)

Den Uebertritt der minderjährigen Kinder des N. zur katholischen Kirche betr.

. . . . . nachdem gemäß § 25 der II. Verf.-Beil. die Bestimmung des § 6 ibidem auf Israeliten eine Anwendung nicht leidet, und sonach N. kraft der aus der väterlichen Gewalt fließenden Rechte vollkommen befugt war, bei seinem Uebertritte von der mosaischen zur katholischen Religion auch seine minderjährigen Kinder taufen und in die katholische Kirche aufnehmen zu lassen. *) —

33.

Entchließung des k. Staatsministeriums des Innern für Kirchen- und Schulangelegenheiten v. 11. Dez. 1850. (Döll. XXIII. S. 34.)

Die religiöse Erziehung der Korporalstöchter W. und L. betr.

ꝛc. ꝛc. Was indessen den geschehenen Uebertritt der W. und L. N. zur katholischen Kirche anbelangt, so versteht es sich von selbst, daß derselbe in bürgerlichen und politischen Beziehungen eine Wirkung nicht zur Folge habe **) —

34.

Entchließung des k. Staatsministeriums des Innern für Kirchen- und Schulangelegenheiten v. 17. April 1852. (Döll. XXIII. S. 21.)

Die Beschwerde des ꝛc. wegen Aufnahme der (israelitischen) W.'schen Kinder in die katholische Kirche betr.

(Aus obigen Gründen (Ziff. 32) wurde der im Besitze der Erziehungsgewalt befindlichen israelitischen Wittwe gleiche Befugniß eingeräumt. ***)

35.

Justizministerial-Entschließung v. 28. Mai 1863. (Justiz-Minist.-Blatt 1863. S. 6.)

Die Anzeigen wegen körperlicher Mißhandlung durch Mißbrauch des Züchtigungsrechtes der Schullehrer betr.

(Diese Entschließung ist in der Abtheilung B Ziff. 39 abgedruckt.)

---

*) Vgl. Ziff. 8, 12, 13.
**) Vgl. Ziff. 1, 15, 21, 24, 25, 27.
***) Vgl. Ziff. 1, 5, 8, 13, 24.

36.

Entschließung des k. Staatsministeriums der Justiz vom 4. August 1866. (J.-M.-Bl. 1866. S. 224.)

Die Beaufsichtigung des Pflegschaftswesens betr.

2c. 2c.

II. Das k. Staatsministerium der Justiz hat aus den Vorlagen ersehen, daß die pflichtmäßige Sorge für die Erziehung der unter ordentlicher Vormundschaft stehenden Personen bisher von den Pflegschaftsbehörden vielfach unterlassen wurde. Bei der hohen Wichtigkeit dieser Angelegenheit und den unberechenbaren Nachtheilen, welche Versäumnisse dieser Art zur Folge haben können, ergeht an sämmtliche Stadt- und Landgerichte die dringende Aufforderung, den hierüber bestehenden gesetzlichen Vorschriften, insbesondere bei unehelichen und doppelt verwaisten ehelichen Kindern von nun an mit allem Eifer nachzukommen und zu diesem Behufe auch da, wo es die Umstände als nothwendig oder zweckmäßig erscheinen lassen, mit den Polizei-, Schul- und geistlichen Behörden in das Benehmen zu treten. *)

---

*) Diese Entschließung dürfte die ausführliche Behandlung des Abschnittes von der religiösen Erziehung genügend rechtfertigen. — Vgl. Ziff. 5, 7, 16, 18, 23, 26, 31, 36; auch Ziff. 9, 14, 28. —

D.

Geschäfts-Formularien.

Formular 1.

Signat: Vorladung der unehelichen Kindsmutter mit Vormund und Kindsvater zur Pflegschaftsstellung.

A. Ziff. . . . . . am . . . 18 . .

Vorzuladen ist . . . . . . mit Kindsvater und Vormund zur Pflegschaftsbestellung auf . . . tag den . . . 18 . . . . . mittags . . Uhr. . . . . .

Formular 2.

Dekret: Erste schriftliche Vorladung der unehelichen Kindsmutter mit Vormund und Kindsvater zur Pflegschaftsbestellung mittels Dekret.

Die . . . . . . wird hiemit angewiesen, mit ihrem eigenen Vater sowohl, als auch mit dem Vater ihres Kindes am . . . . bei dem unterfertigten Pflegschaftsbeamten (Commissär) zu erscheinen. Sollte ihr Vater nicht mehr am Leben sein, so ist wo möglich aus der Zahl ihrer männlichen Blutsverwandten gleichzeitig ein Vormund für ihr Kind mit zur Stelle zu bringen.

. . . . am . . . . 18 . .

K. . . . gericht . . . .

. . . . .

Formular 3.

Schreiben: Erstes Ersuchen an ein anderes Gericht, die Kindsmutter mit Vormund und Kindsvater zur Pflegschaftsbestellung zu kompassiren.

. . . . . . am . . . 18 . .

Das k. . . gericht . . . . .

an das k. . . gericht . . . . .

Betreff:
Pflegschaft über . . .
unehl. der . . . .
von . . . . . .

Im bezeichneten Betreffe ersuche ich, die . . . . . zur Erklärungsabgabe auf . . . mittags . . Uhr Zimmer Nro. . . aufher vorzuladen und sie zugleich anzuweisen, eine zur Uebernahme der Vormundschaft über ihr am . . .

außerehlich gebornes Kind . . . . . taugliche Person zu diesem Termine mitzubringen.

Sollte übrigens über dieses Kind jenseits in eigener Zuständigkeit Curatel eingeleitet worden sein, so wolle mir hievon lediglich Nachricht ertheilt, und die Ladung unterlassen werden.

Der k. . . . richter:

. . . .

Formular 4.

Schreiben. Wiederholtes Ersuchen an ein anderes Gericht, die Kindsmutter mit Vormund und Kindsvater zur Pflegschaftsbestellung zu kompassiren.

An das k. . . . gericht . . . . .

Betreff:
Pflegschaft über .
. . . .

Nachdem die . . . . bei hergestellter richtiger und rechtzeitiger Ladung am Termine vom . . . sich dießgerichts nicht eingefunden hat, wird ersucht, dieselbe neuerdings zur Erklärungsabgabe in bez. Betreffe anher zu kompassiren auf . . . . Vormittags . . Uhr, Z. Nro. . . . u. zwar mit dem Beifügen, daß sie bei unentschuldigtem Ausbleiben an diesem Termine oder wenn die etwa vorgebrachten Hinderungsgründe nicht glaubwürdig nachgewiesen sind, in eine Geldstrafe von . . . sowie in die Kosten einer dann weiters nothwendigen Ladung, beziehungsweise Verfügung verfällt werden würde.

Zugleich ersucht man die . . . anzuweisen, das Miterscheinen des natürlichen Vaters ihres am . . . außerehlich gebornen Kindes . . . sowie eines tauglichen Vormunds zum Termine vom . . . . außergerichtlich zu veranlassen, und wolle Ladungsnachweis rechtzeitig anher mitgetheilt werden.

Sollte übrigens von jenseits bereits in eigener Competenz Pflegschaft über bezeichnetes Kind eingeleitet sein, ersucht man, hierüber lediglich Nachricht anherzugeben und die oben angesonnene Vorladung der . . . für solchen Fall, wie sich von selbst versteht, für gegenstandslos zu betrachten.

Der k. . . . richter.

Formular 5.

Dekret. Wiederholte schriftliche Vorladung der Kindsmutter mit Vormund und Kindsvater zur Pflegschaftsbestellung.

. . . . . am . . . 18 . .

An . . . .

Betreff:
Pflegschaft über . . . .
. . . .

Nachdem Adressatin bei hergestellter richtiger und rechtzeitiger Ladung am Termin vom . . . . sich dießgerichts nicht eingefunden hat, wird dieselbe anmit behufs Pflegschaftseinleitung über ihr am . . . . außerehelich gebornes Kind . . . . . neuerlich geladen auf . . . . . Vormittags . . Uhr, Z. Nro. . . . dießgerichts und zwar mit dem Beifügen, daß sie bei unentschuldigtem Ausbleiben an diesem Termine, oder wenn die etwa vorgebrachten Hinderungsgründe nicht glaubwürdig nachgewiesen werden, in eine Geldstrafe von . . . sowie in die Kosten einer dann weiters nothwendigen Ladung, beziehungsweise Verfügung verfällt werden würde.

Zugleich wird Adressatin angewiesen, das Miterscheinen des natürlichen Vaters fraglichen Kindes sowie eines tauglichen Vormunds zum Termine vom . . . . . außergerichtlich zu veranlassen.

Der k. . . . richter.

. . . . .

Formular 6.

Schreiben. Ersuchen an ein anderes Gericht, die Kindsmutter über Vaterschaft und Alimentation zu vernehmen, eventuell den Vormund zu verpflichten und die Beurkundung des Alimentenvertrages zu veranlassen.

. . . am . . . 18 . .

Das ꝛc. ꝛc. an das ꝛc. ꝛc.

Betreff:
Pflegschaft über . . .
unehl. der . . . . .
von . . . .

Im bezeichneten Betreffe ersuche ich, die zur Zeit in . . . bei . . . jens. Gerichts sich aufhaltende . . . (geborne N., auch NN. genannt) von . . . darüber zu vernehmen, wer der Vater ihres am . . . gebornen Kindes . . . . . . ist, welche Ansprüche sie an denselben erhebt, und wen sie als Vormund für dieses Kind in Vorschlag bringt. Sollte der Vormund im jenseitigen Gerichtsbezirke wohnhaft sein, so wolle derselbe im diesseitigen Namen in Pflicht genommen werden.

Hiemit verbinde ich für den Fall, daß auch der Kindsvater ein Angehöriger des verehrl. Gerichts sein sollte, die weitere Bitte, diesen, die Mutter und den Vormund zu veranlassen, daß sie in Gemäßheit der Artikel 11 u. 12 des Notariatsgesetzes vor einem k. Notar ein Alimenten-Uebereinkommen abschließen und die baldmöglichste Vorlage der Notariatsurkunde an diesseitiges Obervormundschafsgericht bewirken.

Sollten übrigens Kindsmutter und Vormund auf eine mit Rücksicht auf die Justizministerialentschließung vom 4. August 1866 angesonnene Belehrung über die rechtlichen Wirkungen einer notariellen und anderntheils einer gerichtlichen Urkunde auf notarielle Beurkundung des festzusetzenden Alimentenübereinkommens nicht bestehen wollen, und vielmehr bei gerichtlicher Protokollirung desselben die Interessen benannten Mündels hinreichend gesichert erachten, so wird ersucht, das zwischen den Betheiligten zu Stande gekommene Uebereinkommen zu Protokoll zu nehmen unter ausdrücklicher Constatirung der erfolgten angesonnenen Belehrung.

Die in Folge dieses Ersuchens jenseits erwachsenen Aktenstücke wollen thunlichst bald anher übermacht werden.

Der k. . . . . richter.
. . . .

Formular 7.

Protokoll. Verpflichtung des Vormunds (mit Formel).

Protokoll

in Sachen: Pflegschaft über . . . .

Gegenwärtig . . . . . . am . . . . 18 . .
der k. . . . . . .
Aktuar . . . . . .

. . . . wurde nach Vorschrift des bayer. Landrechts Thl. I. Cap. 7. § 10 als Vormund des obengenannten, am . . . . gebornen Kindes dahin verpflichtet, daß er des Pfleglings Person, Gut, Recht und Gerechtigkeit, sowohl in als außer Gericht gebührend vertreten, liegende Güter ohne obrigkeitliches Erkenntniß weder veräußern noch verändern oder beschweren, sondern dieselben in ihrem Wesen erhalten, was dem Pflegling gut und nützlich ist, nicht unterlassen, über sämmtliches Curatelvermögen ein legales Inventar errichten, zur gewöhnlichen rechten Zeit Rechenschaft und Antwort darum geben, auch was davon zu Handen kömmt, seinerzeit wiederum gehörigen Orts ausliefern und sonst allenthalben getreulich, ehrlich und aufrichtig, wie einem rechtschaffenen Vormunde zusteht, hierin handeln und thun wolle.

L. U.

. . . .

Formular 8.

Protokoll. Verpflichtung des Vormundes (kürzere).

(Da die im vorstehenden Protokolle wörtlich aufgenommene Verpflichtungsformel des bayer. Landrechts Manchem nicht mehr zusagt, dürfte auch nachstehendes kürzeres Verpflichtungs-Protokoll dem Gesetze genügen.)

Protokoll

in Sachen: Pflegschaft über . . . .

Gegenwärtig: . . . . . am . . . . 18 . .

der k. . . . . . .

Aktuar . . . . .

. . . .

wurde nach vorgängiger Belehrung gemäß b. Landrechts Thl. I. Cap. 7. § 10 als Vormund des obengenannten am . . . . . gebornen Kindes durch Abnahme des Handgelübdes verpflichtet.

L. U.

. . . . . .

K. . . . . gericht . . .

. . . . . .

. . . .

Formular 9.

Protokoll. Vernehmung der Kindsmutter, Verpflichtung des Vormunds und Alimentenvertrag.

Protokoll

in Sachen: Pflegschaft über . . . .

Gegenwärtig: . . . . . am . . . . 18 . .

der k. . . . .

Aktuar . . . .

Es erscheinen:

1) (Mutter) . . . .

2) (Vormund) . . . .

3) (Vater) . . . .

Erstere erklärt vor Allem auf Vorhalt, daß sie erst . . . Jahre alt, daher noch minderjährig sei, und sie deßhalb zur heutigen Verhandlung ihren (Vater, Vormund) . . . . beigezogen habe, indem sie bittet, diesen ihren Vertreter zugleich als Vormund über das von ihr am . . . . . außerehelich geborne Kind . . . . . aufzustellen und in Pflicht zu nehmen.

Dann bezeichnet sie den (nicht) miterschienenen . . . . als natürlichen Vater ihres Kindes.

(Herr) . . . . erklärt sich bereit, diese Vormundschaft zu übernehmen. Derselbe wurde dann unter Hinweisung auf die Bestimmungen des bayer. Landrechts Thl. I. Cap. 7. § 10 über die Pflichten eines Vormunds belehrt, und hierauf mittels Handgelübde an Eidesstatt förmlich als Vormund über das vorgenannte Kind in Pflicht genommen.

Zwischen . . . . als Vertreter der minderjährigen Kindsmutter und zugleich als Vormund deren außerehelichen Kindes . . . . einerseits und dem . . . . anderseits wurde auf Besprechung ein Alimentenübereinkommen dahin abgeschlossen:

1) daß sich . . . . anmit ausdrücklich zum natürlichen Vater des am . . . . . außerehelich geborenen Kindes . . . . . bekennt und
2) sich verpflichtet, bis zum zurückgelegten . . Lebensjahre dieses Kindes (monatlich, jährlich) . . . fl. . . kr. zu Alimentation und jährlich . . . fl. zu den Kleidungskosten beizutragen, sowie während bezeichneter Alimentationsperiode die Hälfte des Schulgeldes und der allenfallsigen Kur- und Leichenkosten zu bezahlen.
3) . . . . Tauf- und Kindbettkosten . . . .
4) Entschädigung für Defloration . . . .
5) Kaution für die übernommenen Verbindlichkeiten leistet Kindsvater . .
6) (Herr) . . . . acceptirt sowohl Namens der minderjährigen Kindsmutter als auch deren Kindes . . . . das Vaterschaftsbekenntniß, sowie die übrigen Zusicherungen des . . . . . . und erklärt auf Belehrung über die rechtlichen Wirkungen der notariellen Beurkundung derartiger Uebereinkommen, daß er auf Errichtung einer Notariatsurkunde nicht bestehe, sondern die Interessen der Kindsmutter, wie deren Kindes durch die soeben bethätigte gerichtliche Protokollirung in jeder Beziehung gesichert und gewahrt erachte.

Man hat hierauf schlüßlich den Erschienenen eröffnet, daß man vorstehendes Alimentenübereinkommen auch obervormundschaftlich genehmigt haben will.

Zur Bestätigung unterzeichnen auf Vorlesen:

. . . .
. . . .
. . . .

Kgl. . . . gericht . . . .
. . . . .

. . . . .

Formular 10.

Protokoll. Vernehmung der Kindsmutter, Verpflichtung des Vormunds und dessen Anweisung sich über Alimentenvertrag oder Klagestellung auszuweisen.

Protokoll.

Pflegschaft über . . . . betr.

Gegenwärtig: . . . . am . . . . . . 18 . .

der k. . . . . . .
Aktuar . . . . . .

Es finden sich heute ein:

1) . . . .
2) . . . .
3) . . . .

Erstere bezeichnet vor Allem auf Vorhalt als Vater ihres am . . . . außerehelich gebornen Kindes . . . den mitanwesenden . . . . . .
. . . .
und bringt sodann als Vormund für dieses Kind in Vorschlag den gleichfalls miterschienenen . . . .

Letzterer erklärt sich bereit, die Vormundschaft über den genannten Pflegling zu übernehmen, wurde hierauf über die einem Vormunde obliegenden Pflichten belehrt und sodann mittels Handgelübde an Eidesstatt in Pflicht genommen. Der Vormund . . . . . . wurde hierauf angewiesen, den von der Kindsmutter bezeichneten Kindsvater vorerst auf außergerichtlichem Wege zu veranlassen, daß derselbe vor einem kgl. Notar das Vaterschaftsbekenntniß und ein entsprechendes Alimentenoffert in einer zu errichtenden Urkunde niederlegt, beziehungsweise mit der Kindsmutter und dem Kindsvormunde ein Alimenten-Uebereinkommen abschließt, und wurde Vormünder weiters beauftragt, soferne sich der Kindsvater auf außergerichtlichem Wege zu einem solchen Uebereinkommen innerhalb . . . Tagen nicht herbeilassen sollte, nach Umfluß solcher Frist hierüber sofort zu den bez. Akten Anzeige zu erstatten. —

Zur Bestätigung unterzeichnen auf Vorlesen:

. . . .

. . . .

Kgl. . . . . gericht . . . . .

. . . . .

. . . . .

Formular 11.

Protokoll. Alimentenvertrag.

Protokoll

aufgenommen in der Pflegschaft über . . . .

. . . .

Gegenwärtig: . . . . . am . . . . 18 . .

der k. . . . . . .

Aktuar . . . . .

Es erscheinen:

1) . . . .

2) . . . .

3) . . . .

Die Erschienenen bitten, ...

. . . . . . besprochene und festgesetzte Alimentenübereinkommen nunmehr als solches förmlich gerichtlich zu protokolliren, nachdem Vormund . . . . . . auf notarielle Beurkundung der bezüglichen Bestimmungen nicht besteht.

Nachdem (Herr) . . . . auf Belehrung über die rechtlichen Wirkungen der notariellen Beurkundung derartiger Uebereinkommen erklärt hatte, daß er die Interessen der von ihnen vertretenen . . . . durch die gerichtliche Protokollirung der Offerte des betreffenden Kindsvaters gehörig gesichert und gewahrt erachte, hat man auf wiederholten Antrag der obenbenannten Interessenten nachaufgeführtes Uebereinkommen, dem die Kontrahenten alle Wirkungen eines rechtsgiltigen Erkenntnisses beigelegt wissen wollen, zu Protokoll genommen:

1) . . . .
bekennt sich hiemit ausdrücklich zum Vater des von der . . . . .
. . . . unterm . . . . . .
außerehelich gebornen Kindes . . . . .

2) verpflichtet . . . .
ebenso ausdrücklich bis zum zurückgelegten . . . Lebensjahre dieses Kindes (monatlich, jährlich) . . . fl. . . kr. zur Alimentation, jährlich . . . fl. zu den Kleidungskosten beizutragen, und während der bezeichneten Alimentationsperiode die Hälfte des Schulgeldes und der allenfallsigen Kur- und Leichenkosten zu bezalen . . . .

3) . . . . Tauf- und Kindbettkosten . . . .
. . . .

4) Eine Entschädigung für Defloration . . . .
. . . .

5) Kaution zur Sicherung der vom Kindsvater übernommenen Verbindlichkeiten . . . .

6) . . . . das Vaterschaftsbekenntniß, sowie die Zalungsofferte des . . . . und beantragen . . . . solchen Zusicherungen auch die obervormundschaftliche Genehmigung beizufügen . . . .

Man hat den Erschienenen hierauf eröffnet, daß man vorstehendes Alimenten-Uebereinkommen auch obervormundschaftlich genehmigt haben wolle . . . .

Zur Bestätigung unterzeichnen auf Vorlesen:

. . . .
. . . .
. . . .

K. . . . . gericht . . . .
. . . .
. . . . . .

Formular 12.

Protokoll des requirirten Gerichts über die Vernehmung der Kindsmutter bezüglich ihrer Ansprüche gegen den Kindsvater.

Protokoll.

Die Pflegschaft über . . . . . . unehl. der . . . .
von . . . . betr.

Gegenwärtig: . . . . . . am . . . . 18 . .
der k. . . . . . .
Aktuar . . . . . .

Auf Ladung erscheint heute . . . .
von . . . . . wohnhaft . . . . . und erklärt auf Vorhalt der Requisition des k. . . . . . bez. Betreffs:

Der Vater ihres am . . . . außerehelich gebornen Kindes . . . . . . sei . . . .

Sie verlange von demselben

1) die Anerkennung der Vaterschaft zu ihrem Kinde . . . .
2) einen . . . . Alimentenbeitrag von . . fl. . . kr. von der Geburt des Kindes bis zu dessen zurückgelegtem . . . Lebensjahre,
3) auf die gleiche Zeitdauer . . . . . Kleidungskosten, die Uebernahme . . . . . seinerzeitigen Schul- und Lehrgeldes, und der allenfallsigen Kur- und Leichenkosten, falls das Kind innerhalb dieser Alimentenperiode erkranken oder sterben sollte.

Für Kindbettkosten . . . .

Als Vormund bringe sie . . . . in Vorschlag und bitte denselben zu verpflichten.

. . . .

Die Erschienene . ., welche bemerk . ., sich bezüglich der erhobenen Ansprüche mit dem Kindsvater bereits geeinigt zu haben, wurde . . hierauf angewiesen, binnen 14 Tagen den Alimentenvertrag mit

Verfügung:

Geht nachstehendes Protokoll mit Urschrift zum k. . . . . in Erledigung der anbei zurückfolgenden Requisition vom . . . . am . . . .
K. . . gericht . .
. . . .
. . . . .

demselben von einem k. Notar beurkunden und dem k. . . . . .
zur kuratelamtlichen Würdigung übermitteln zu lassen.

. . . .

L. U.

. . . . . .

K. . . . gericht . . . .

(Siegel.) . . . . . .

. . . . .

Formular 13.

Aktenvormerkung über den bei der Pflegschaftsbehörde vorbehaltlich der notariellen Beurkundung vereinbarten Alimentenvertrag.

Commissions-Vormerkung,

aufgenommen den . . . . . in der Pflegschaft über . . . .
. . . .

Es wird anmit hieher konstatirt, daß zwischen den Kindseltern . . . . und dem verpflichteten Kindsvormunde . . . . ein von einem königl. Notar zu beurkundendes Uebereinkommen dahin besprochen und festgesetzt wurde, daß . . . . . . sich zum natürlichen Vater des von der . . . . am . . . außerehelich gebornen Kindes . . . . . bekennt und sich verpflichtet, bis zum zurückgelegten . . . Lebensjahre dieses Kindes . . . lich . . fl. . . kr. für Alimente, jährlich . . fl. für Kleidung, dann die Hälfte des Schulgeldes und der allenfallsigen Kranken-, Leichen- und Beerdigungskosten zu bezahlen . . . . . .
. . . .
und daß man den Erschienenen schlüßlich eröffnet hat, daß ein derartig lautendes Uebereinkommen sich auch zur obervormundschaftlichen Genehmigung eigne.

Zur Bestätigung unterzeichnen auf Vorlesen

. . . .

Commission des k. . . . . gerichts . . .

. . . . .

. . . .

Formular 14.

Schreiben. Rücksendung der obervormundschaftlich genehmigten Alimentenvertrags-Urschrift an den Notar.

. . . . am . . . . 18 . .

Das k. . . . gericht . . .
an den
k. Notar Herrn . . . . . in . . . . . .

Herrn Notar . . . . wird anmit der mit Note vom . . . . vorgelegte, zwischen den Kindseltern . . . . dann dem Kindsvormund unterm . . . . abgeschlossene Alimentenvertrag mit obervormundschaftlicher Genehmigung versehen mit dem Ansinnen zurückgeschlossen, auf Kosten des Kindsvaters baldmöglichst Ausfertigung dieses Vertrages anher vorzulegen.

Betreff:
Pflegschaft über . . .
unehl. der . . . . .
von . . . .

Der k. . . . . richter:
. . . . .

Formular 14*.

Beschluß. Obervormundschaftliche Genehmigung des von dem beurkundenden Notar in Urschrift vorgelegten Alimentrages.

A. Ziff. . . . .

Vorstehendes Alimentenübereinkommen wird obervormundschaftlich genehmigt.

Am . . . 18 . .

K. . . . . gericht . . . .

S. . . . .

. . . . .

Formular 15.

Cirkular. Nachricht an die Betheiligten, daß der notarielle Alimentenvertrag obervormundschaftlich genehmigt worden sei.

. . . den . . . 18 . .

Patent.

Das k. . . . . gericht . . . .

an die Innengenannten.

Den Innengenannten wird hiemit eröffnet, daß der zwischen ihnen unterm . . . . vor dem königl. Notar . . . zu Stande gekommene und von diesem Notare mit Note vom . . . . . zu den bez. Akten vorgelegte Alimentenvertrag, wornach sich . . . . zum Vater des von der . . . . unterm . . . . . außerehelich geborenen Kindes . . . bekannt und sich verpflichtet hat, für dieses Kind bis zum zurückgelegten . . Lebensjahre . . lich . . fl. an Alimentenbeiträgen, jährlich . . fl. für Kleidung zu bezahlen, sowie während der Alimentationsperiode die Hälfte des Schulgeldes, dann der allenfallsigen Kur- und Leichenkosten zu tragen . . . . anmit die obervormundschaftliche Genehmigung erhalten hat.

Der k. . . . richter:

Betreff: . . . .

Formular 16.

Dekret. Auftrag an den Vormund zur Klagestellung gegen den Kindsvater.

Registraturzeichen. . . . den . . . . 18 . .

Das

k. . . . . gericht . . . . .

an

. . . .

Betreff:
Pflegschaft über . . .
. . . .
unehelich der . . . .
. . . .

Nachdem bisher ein von einem k. Notar beurkundetes Alimentenübereinkommen nicht zur Vorlage gekommen ist, somit angenommen werden muß, daß der als Vater des Kindes bezeichnete . . . . sich zur Regelung der Ansprüche der Kuratel durch einen in kuratelmäßiger Form errichteten Vertrag nicht herbeilassen will, wird Adressat als Vormund hiemit beauftragt, gegen den bezeichneten Kindesvater auf Anerkennung der Vaterschaft und Alimentation sofort gerichtliche Klage zu erheben und sich binnen 14 Tagen über die Betretung des Rechtsweges bei der Obervormundschaftsbehörde auszuweisen.

Der k. . . . . richter:

. . . . .

Formular 17.

Schreiben. Ersuchen an das Prozeßgericht, als forum delicti der Alimentationsklage stattzugeben.

. . . . . den . . . . 18 . .

Das . . . .

an das . . . .

Pflegschaft über . . .
. . . .
gegen . . . .
w. V. u. Alim.

Es wird anmit einfache Abschrift der dießgerichtlichen Verhandlung bez. Betr. vom . . . sowie einfache Abschrift der dießgerichtlichen Verhandlung bez. Betr. vom . . . . mit den im letzteren Protokolle angezeigten 3 Certifikaten übermacht mit dem Ersuchen, den Bitten des Kindsvormundes . . . . zu entsprechen, indem man demselben anmit ausdrücklich den Consens ertheilt haben will, Namens seiner Mündel . . . gegen den . . . . . . von . . . . jens. Gerichts den Rechtsweg mittels förmlicher Klagestellung auf Anerkennung der Vaterschaft und entsprechende Alimentation bei jenseitigem Gericht als forum delicti zu betreten.

Hiebei sieht man sich schlüßlich zu dem Beifügen veranlaßt, daß man sich umsomehr auch von Obervormundschaftswegen bemüssigt erachtet, jens. Gericht als forum delicti anzugehen, als eine neuerliche Requisition an das königl. Landgericht . . . . gegenstandslos war, indem sich der . . . . . bei seinem . . . . . in . . . . . . nicht aufhält, wie von jenseits unterm . . . anher mitgetheilt worden war. —

Der k. . . . . richter:

. . . .

Sign. II. Fiat Ausfertigung einer einfachen Abschrift des Protokolles vom . . . . . als Beilage zu I.

Sign. III. Die zu II angezogene Abschrift, dann die beiliegende Abschrift des Protokolles vom 6ten, sowie die letzterer Abschrift beiliegenden 3 Certifikate sind zu I beizugeben.

Formular 18.

Schreiben. (Note.) Ersuchen an das Prozeßgericht um Aufschluß über den Stand des Alimentenprozesses.

Registraturzeichen: . . . den . . . . 18 . .
. . . .

Note

an d . . . .

In Sachen:
Pflegschaft über . . .
. . . .

wird ersucht, den derzeitigen Stand der jenseits anhängigen Streitsache:
. . . .

baldigst anher bekannt zu geben und, soferne bereits ein rechtskräftiges Enderkenntniß vorliegen sollte, den Urtheilssatz mitzutheilen.

K. . . . . gericht . . . .
Abtheilung für Pflegschaftswesen.
. . . . . .

Formular 19.

Schreiben. Nachricht von der obervormundschaftlichen Vergleichsgenehmigung an das Prozeßgericht.

Das . . . .
an das . . . .

Betreff: . . . . am . . . 18 . .
Pflegschaft über . . .
gegen . . . p. p. et alim.

Man gibt zu den jenseitigen Streitakten bekannt, daß der in bezeichneter Streitsache zu Stande gekommene und mit Note vom . . . abschriftlich anher mitgetheilte Vergleich vom . . . . Mts. unterm . . . . . . Mts. obervormundschaftlich genehmigt wurde.

Der k. . . . . . richter:
. . . . .

Formular 20.

Schreiben. Nachricht an das Pfarramt (Curatie, Expositur ꝛc.) von der Paternität behufs Ergänzung der Geburtsregister.

. . . den . . . . 18 . .

Das k. b. . . . . . gericht . . . .
vernachrichtet,
daß in das Geburtsregister als Vater des von der ledigen . . . .
am . . . . geborenen Kindes . . . . der . . . .
eingetragen werden darf.

Der k. . . . . richter:
. . . . . .

Formular 21.

Beschluß u. Vormerkung. Genehmigung eines not. Vatergutsvertrags, Vormerkung des hiernach angefallenen Curatelvermögens und dessen Sicherung.

A. Ziff. . . . . . am . . . . 18 . .

Vormerkung

I. Der von dem k. Notar . . . unterm . . . . 18 . . R.-No. . . beurkundete Vatergutsvertrag wird obervormundschaftlich genehmigt.

II. Hiernach hat sich die Mutter . . . . verpflichtet, jedem Kinde a) ein Vatergut von . . fl. . . . kr., beim Austritte aus dem mütterlichen Unterhalte nach drei v. Hundert verzinslich, nach $^{1}/_{4}$jähr. Kündigung baar zu bezahlen, b) eine Ausfertigungs-Abfindung von . . fl. . . . kr. im Falle der selbständigen Niederlassung oder der Verehelichung eines Kindes zu geben und c) in ihrem Wohnhause im ledigen Stande des Kindes das Wohnungsrecht, sowie im Erkrankungsfalle 4 Wochen lang freie Krankenkost, Medizin, Wart und ärztliche Hilfe zu reichen im Jahresanschlage von 5 fl.

III. Hiefür ist heute auf dem mütterlichen Anwesen zu . . im Inventurswerthe von . . . fl. . . . kr. an . . Stelle nach Vorgang von . . . . fl. . . . kr.

Hypothek im Hypothekenbuche für . . . . . Bd. . S. . . Ziff. . eingetragen worden. —

IV. Die Akten sind als vorläufig erledigt zu hinterlegen. —

. . . .

Formular 22.

Note der Depositen-Commission an das Gericht wegen veranlaßter Verfügung über Depositen.

Allgemeines Pflegschaftsverzeichniß:
Jahrgang: 18 . . Ziff. . . .
Depositenbuch Bd. . Fol. . . .

. . . . . den . . . 18 . .

Betreff:
Pflegschaft über:
. . . .

Note
der
Pupillar-Depositen-Commission
des k. Stadtgerichts . . . . .

In bezeichneter Sache sind nachstehend verzeichnete Werthseffekten deponirt, hinsichtlich deren um baldige Beschlußfassung darüber gebeten wird, ob noch ein rechtlicher Grund besteht, die gerichtliche Verwahrung fortdauern zu lassen:

Hypothekenbriefe: . . . .
Ewiggeldbriefe: . . . .
Sparkassabücher: . . . .
Naturaldepositen: . . . .
. . . .

Unterschrift des Curators: Unterschrift des II. Depositalbeamten:
. . . .

Formular 23.

Patent (Circular). Vorladung zur Pflegschaftsentlassung.

Patent.

Pflegschaft über . . . . . . am . . . 18 . .
. . . .
betr.

Die Innengenannten werden anmit zur Pflegschaftsentlassung des am . . . . 18 . . großjährig gewordenen außerehelichen Sohnes der . . . . . geladen auf . . . tag den . . . . dießgerichts, Gesch.-Zimmer No. . . . . und zwar mit dem Beifügen, daß der nicht erscheinende Theil die Kosten einer neuen Tagsfahrt zu tragen hat.

1. (Der Pflegling),
2. (dessen Mutter),
3. (der Vormund),
4. . . . . als mitbetheiligt bezüglich der dießgerichts noch vorliegenden Hypothekenurkunde, die nunmehr an die Gläubiger hinauszugeben.

(Patent unterzeichnet zurück.)

K. . . . . gericht . . . . .
Der k. . . . richter:
. . . . .

Formular 24.

Protokoll. Pflegschaftsentlassung einer ehelichen Person mit Vermögen.

Protokoll.

Pflegschaft über die minderj. Kinder des verl. . . . . von . . . . betr.
aufgenommen . . . . am . . . . 18 . .

Gegenwärtig: . . . .
der k. . . . . . . geb. . . . . sohin
Aktuar . . . . . . großjährig, ist aus der Pflegschaft zu entlassen.

Auf Ableben des Vaters . . . . . . (S. Verlass.-Akten Verz. 18 . . Ziff. . .) ist de . selben folgendes Vermögen angefallen: . . . fl. . . kr. väterliches Erbgut, mit dem Austritte aus dem mütterlichen Unterhalte nach 3% verzinslich und nach vorgängiger einvierteljähriger Kündung zahlbar, . . . fl. . . kr. Ausfertigungsabfindung und im ledigen Stande das Wohnungsrecht auf auf dem elterlichen Anwesen, sowie im Erkrankungsfalle 4 Wochen lang freie Krankenkost, Wart, ärztliche Hilfe und Medikamente im Jahresanschlage von 5 fl. und zwar zufolge vor- und obervormundschaftlich genehmigten notariellen Vatergutsvertrags vom . . . . Reg.-No. . . . und auf dem mütterlichen Anwesen im Inventurswerthe von . . . fl. . . . kr. an . . Stelle nach Vorgang von . . . fl. . . . kr. im Hypothekenbuche für . . . . . . Bd. . S. . Z. . eingetragen.

Auf Ladung erscheint heute . . . . mit dem Vormunde . . . . . . wird von Vorstehendem in Kenntniß gesetzt, aus der Pflegschaft entlassen und in die selbsteigne Verwaltung dieses Vermögens eingewiesen, worauf . . . . . erklärt, daß . . den Vormund und die Obervormundschaft aller weiterer Haftungen entbinde. *)

Vorgel., bestät. u. unterz.

. . . . .
. . . . .

K. . . . . gericht . . .

. . . . .

. . . . .

Formular 25.

Protokoll. Pflegschaftsentlassung einer unehelichen Person mit Vermögen, welches während der Pflegschaft verbraucht wurde.

Protokoll.

Pflegschaft über . . . . unehl. der . . . . .
. . . .
aufgenommen . . . . . am . . . . . 18 . .

Gegenwärtig: Am heutigen Termin findet sich ein . . . .
der k. . . . . geb. . . . . . . sohin großjährig und deßhalb
Aktuar . . . . aus der Pflegschaft zu entlassen.

Exkurandin wurde von dem wesentlichen Inhalte der Pflegschaftsakten, sowie der Akten, die Verlassenschaft deren Mutter . . . . . betr., verständigt.

Aus letzteren Akten wurde ihr namentlich bekannt gegeben, daß ihr ein Erbgut von . . . fl. . . . kr. zugefallen, und solches Vermögen bei . . . . . .

---

*) Bestand das Vermögen in rentirlichen Bestandtheilen, worüber der Vormund Rechnung zu stellen hatte, so kann die Erklärung des Exkuranden dahin gehen,

„daß ih . das sämmtliche Vermögen vom Vormunde heute bereits ausgeantwortet und die außergerichtlich vorgelegte Rechnung richtig befunden worden sei, daher . . auf eine obervormundschaftliche Prüfung und Bescheidung der Rechnung verzichte und Vor- u. Obervormundschaft aller weiteren Haftungen entbinde.“

angelegt worden war. Aus den Curatelakten wurde ihr bekannt gegeben, daß sich zum natürlichen Vater von ihr . . . . bekannt hat, und daß ihr, nachdem von ihr das ursprünglich dießgerichtlich für sie eingezahlte Vermögen inzwischen von ihr wieder verbraucht worden ist, nunmehr ein weiteres solches nicht mehr ausgeantwortet werden könne . . . . . erklärt hierauf, daß sie gegen die gepflogenen Verhandlungen nichts einzuwenden habe, die für sie gemachten Verwendungen anerkenne, und sowohl den Vormund, als die Vormundschaftsbehörde jeder Haft aus der geführten Vormundschaft entbinde.

Zur Bestätigung unterzeichnet auf Vorlesen:

. . . .

Verfügung.

Vorzumerken im Registraturverzeichnisse, im Verzeichnisse sämmtlicher Pfleglinge (und im Currentverzeichnisse *) worauf die Akten als vollständig erledigt zu reponiren sind. —

K. . . . gericht . . . .

. . . . .

. . . . .

Formular 26.

Dekret. Pflegschaftsentlassung eines vermögenslosen Pfleglings mittels Dekret.

Registratur-Zeichen:

. . . . den . . . . 18 . .

Vormerkungsbuch:

. . . . Fol. . .

Das

k. . . . . gericht . . . .

an

. . . .

Pflegschaftsentlassung betr.

. . . .

geboren den . . . . . 18 . . v. . . . nach nunmehr erreichter Großjährigkeit mit dem Anhange aus dem Pflegschaftsverbande entlassen, daß von einem d . . selben angefallenen Vermögen hierorts nichts bekannt ist . . . **)

. . . .

Die Pflegschaftsakten stehen in der dießgerichtlichen Registratur für die Betheiligten zur Einsicht offen.

Von der verfügten Pflegschaftsentlassung erh . . lt der aufgestellte Vormund Nachricht. . . . .

Der k. . . . richter:

. . . . .

*) Das Currentverzeichniß soll zwar erst am Schlusse eines jeden Jahres angefertigt werden und zwar auf Grund des Tagebuches. Bei Gerichten aber, wo weder die älteren Registraturen geordnet, noch die Tagebücher sehr genau geführt sind, ist diese Behandlung eine äußerst schwierige und zeitraubende, weßhalb der Herausgeber sich das Currentverzeichniß schon beim Beginne des Jahres anlegt und bei jeder Aktenreponirung evident hält, so daß am Schlusse des Jahres nur noch die noch nicht reponirten Akten nachzutragen sind. Das Formular hiezu folgt unten unter Ziff. 30. —

**) Hier mag nach Umständen auch folgende Bemerkung veranlaßt sein:

„Laut dießgerichtlicher Verhandlung vom . . . . hat sich als Vater de . selben . . . . bekannt, was nach damaliger Uebung zur Folge hatte, daß de . . . der Familienname des natürlichen Vaters beigelegt wurde, dessen fernere Führung aber nach den bestehenden Gesetzen nicht gestattet ist.“ —

Formular 27.

Dekret. Entlassung aus der Spezialkuratel mittels Dekret.

Allgem. Pflegschaftsverzeichniß. . . . den . . . 18 . .
Jahrgang 18 . . No. .

Das
k. . . . . gericht . . .
an

. . . .

Betreff:
Spezialkuratel über . .
. . . .

Die im Betreffe genannte Person w . rd . . nach nunmehr erreichter Großjährigkeit auf Grund der erwachsenen Curatelakten, welche in der dießgerichtlichen Registratur den Betheiligten zur Einsicht offen stehen, davon in Kenntniß gesetzt, daß ihr während ihrer Minderjährigkeit . . . . Vermögen zufiel.
. . . .
. . . .

Der k. . . . richter:
. . . .

Formular 28.

Schreiben. Ersuchen (Requisition) an ein außerbayerisches Gericht. a) Unmittelbares Ersuchen. (NB. Alle außerbayerischen Gerichte sind in der Regel unmittelbar zu requiriren. Mittelbar, auf diplomatischen Wege werden requirirt die ungarischen, polnischen, italienischen, französischen Gerichte.)

Das
kgl. bay. . . . gericht . . .
an

das . . . .

Pflegschaft über . . . .
. . . . betr.

Es wird . . . . . das dienstfreundliche Ersuchen gestellt . . . . .
. . . .

Indem man sich zu Gegendiensten bereit erklärt, versichert man Hochachtung.

Der k. . . . .
. . . .

Formular 29.

Schreiben. Ersuchen (Requisition) an ein außerbayerisches Gericht. b) Mittelbar auf diplomatischen Wege.

I.
Das
kgl. bay. . . . . gericht . . . . .
an
das (kgl. k. delegirte städtische Bezirksgericht . . . . . . im Königreich Ungarn.)

Betreff:
Pflegschaft über . .
. . . .

Es wird das dienstfreundliche Ersuchen gestellt . . . .
. . . .

Indem man sich zu Gegendiensten hiemit ausdrücklich bereit erklärt, versichert man Hochachtung.

Der k. . . . richter:

. . . . .

II. Das

k. . . . gericht . . . . .

an

den Herrn Staatsanwalt am k. Bezirksgerichte

. . . . . .

Betreff:
Pflegschaft über . .
. . . .

Das dießgerichtliche Ersuchschreiben bez. Betr. vom Heutigen an das . . . Gericht wird anmit behufs Einbeförderung desselben auf diplomatischem Wege übermittelt.

Der k. . . . richter:

. . . . .

III. Die Ausfertigung der Verfügung zu I oben geschieht auf Briefpapier, und ist dieses Schreiben sub sigillo volante zu expediren.

Formular 30.

Verzeichniß der im Jahre 18 . . currenten Pflegschaften, welches im Laufe des Jahres zu führen ist.

Name, Stand und Wohnort der Pfleglinge oder ihrer Eltern.	Vermögen.	Erledigung.	Jahrgang.	Registratur-Zeichen.
A.				
Aigner Martin, Bauerskind von Albing	V.	1	1865/66	125
Altman Rosina, unehl. der Rosina Altman led. von Ruhdorf	—	1	1855/56	1825 Fach 2.
ꝛc. ꝛc.				
B.				
ꝛc. ꝛc.				

Erläuterungen zum Formular 30.

(Laufendes Currentverzeichniß.)

1) Nach der bestehenden Vorschrift ist das Currentverzeichniß erst am Schlusse des Jahres aus dem allgemeinen Tagbuche anzufertigen. Da aber die Vorträge im Tagebuche für den fraglichen Zweck oft zu mangelhaft sind, so ist, wenn hiezu auch noch Mangelhaftigkeit der Registratur kommt, die Herstellung dieses Verzeichnisses überaus schwierig und zeitraubend, und es bleibt unfehlbar lückenhaft.

2) Deßhalb dürfte es sich sehr empfehlen, die Materialien zum vorgeschriebenen Currentverzeichnisse schon im Laufe des Jahres zu sammeln und damit zugleich das Material zu den Geschäftsübersichten vorzubereiten. Dieß kann durch ein Currentverzeichniß geschehen, welches im Laufe des Jahres geführt wird, dergestalt, daß die Pflegschaft sofort bei der Reponirung der einzelnen Pflegschaftsakten in diesem Verzeichnisse vorgetragen wird und am Schlusse des Jahres nur noch die im Laufe befindlichen Pflegschaften nachgetragen werden. Die Einträge geschehen alphabetisch, indem man für jeden Buchstaben den muthmaßlich benöthigten leeren Raum offen läßt.

3) In der ersten Spalte ist der Name der Pflegschaftssache nach allgemeiner Vorschrift einzutragen.

4) In der zweiten Spalte ist durch ein „V." anzuzeigen, daß irgend ein Vermögen vorhanden war, ohne Rücksicht darauf, ob es vom Vormunde verwaltet wurde oder nicht. Beim Mangel eines Vermögens wird die Spalte mit einem Striche ausgefüllt. —

5) In der dritten Spalte ist die Erledigung durch Ziffern anzuzeigen. Diese Ziffern sind nach Personen zu bestimmen, und wenn die ganze Pflegschaftssache vollständig erledigt ist, wird diese Ziffer unterstrichen. — Gehören also z. B. zu einer Pflegschaft 6 Personen und hievon wurde eine Person wegen Großjährigkeit aus der Pflegschaft entlassen, so wird die Ziffer 1 in die Spalte gesetzt, war dieß die letzte Person, welche zu entlassen war, so daß damit die ganze Pflegschaftssache erledigt ist, so wird die Ziffer 1 unterstrichen, z. B. 1. Wurde eine Pflegschaft mit 6 Personen an ein anderes Gericht extradirt, so daß sie für das eine Gericht mit allen 6 Personen in einem Jahre erledigt erscheint, so ist in die zweite Spalte die Ziffer 6 unterstrichen einzusetzen.

6) Die Spalten 4 u. 5 enthalten die betreffenden Vorträge der Registraturverzeichnisse, mit Angabe des Anfallsjahres. —

Vergleichende Uebersicht des Betreffs und Inhalts der Vollzugsvorschriften.

A.

Allgemeine Geschäftsordnung.

Lauf. Ziff.	Art u. Datum der Entschließung. Sammlung.	Betreff.	Kurzer Inhalt.	Ziffer der hieher bezüglich. Entschließungen.
1	V. v. 13. Juni 1815. (R.-Bl 1815. S. 457.)	Die Geschäftsanzeigen der Untergerichte.	1. Verpflichtung der Gerichte zur Rechenschaftsablage. — 2. Alle Pflegschaften gehören in die Tabelle. — 3. Angabe des Curatelgrundes. — 4. Erledigung durch Ausantwortung u. Schlußrechnung. — 5. Columne I. — 6. Columne II. — 7. Columne III. — 8. Columne IV. — 9. Columne V. 10. Verzögerungen zu ahnden. —	S. Ziff. 4, 11.
2	V. v. 9. Dezbr. 1825. (R.-Bl. 1825. S. 977.)	Die Formation d. Ministerien.	Wirkungskreis des Justizministeriums: 1. Oberste Leitung. 2. Aufsicht auf den Vollzug. 3. Oberste Aufsicht über alle Gerichte, insbes. in Vormundschafts- und Depositalsachen.* Anordnung v. Visitationen.** 4. Anträge über Großj.-Erklärungen, Legitimationen u. Adoptionen. 5. Oberaufsicht über standesherrl. Vormundschaftssachen.*	S. Ziff 1—15. * S. Heft V. ** S. Ziff. 7. * S. H. II u. IV.
3	A.-G.-A. v. 29. Aug. 1836. J.M.E. v. 13. XII. 35. (K J-Bl. für Oberb. 1863. S.1296.)	Einführung einer Controle über die jährlichen Pflegschaftsentlassungen.	Führung eines Vormerkungsbuches über Pflegschaftsentlassungen mit Formular.	S. Z. 4, 5, 9, 11
4	J.-M.-E. v. 23. Aug. 1859. (Z. für G.-G Bd. VI. S. 285 u. K.A.Bl.)	Die Pflegschaftstabellen der Untergerichte.	Instruktion für die Anfertigung der unterg. Pflegschaftstabellen. a) Rechenschaftstabellen: 1. Zu- u. Abgangstabellen m. Formular. — 2. Columne I m. Beispiel. — 3. Columne III; ordentl.	S. Z. 1, 11.

Lauf. Ziff.	Art u. Datum der Entschließung. Sammlung.	Betreff.	Kurzer Inhalt.	Ziffer d. hieher bezüglich. Entschließungen.
			Vormundschaften, Spezialkuratelen.— 4. Rekurrenz. — 5. Columne V. — 6. Abgangstabelle Columne IV. — 7. Verfahren bei Anf. der Tabellen. Vormerkungsbögen für die Zu- und Abgänge, in den Akten aufzubewahren, bei Rekurrenz zu ergänzen.* — 8. Manualien, Aktenanlage.* b) Statistische Tabellen. —	*S. Ziff. 11, 12. *S. Z. 8. § 17. Z. 9. § 15, 19, 20, 21, 28, 29, 30, 31, 32, 36, 37, 38.
5	J.-M.-E. v. 31. Juli 1860. (Z. für G.-G. Band VII. S. 297.)	Die Verzeichnisse über die bei den Untergerichten anhängigen Pflegschaften.	1. Allgemeines Verzeichniß m. Formular. — 2. Besonderes Verzeichniß m. Formular über die kurrenten Pflegschaften.* — 3. Fortbestand d. Reproduktionsverzeichnisse.*	*S. Z. 11: Einleitung II. 2 u. I. Nachtrag I. *S. Ziff. 5.
6	J.-M.-E. vom 26. Juni 1862. (J.-M. Bl. 1863. S. 11.*)	Die Geschäftsbehandl. u. den Geschäftsverkehr der Gerichte.	1. Geschäftsordnung d. Oberappell.-, Appell.-, Bezirks-, Stadt- und Landgerichte. — 2. Verkehr a) mit dem St.-Ministerium der Justiz, b) der Bezirksgerichte mit den Stadt- und Landgerichten. c) mit den Staatsanwälten, d) mit den übrigen Behörden des In- und Auslandes. † e) Notenwechsel.*	†S. Z. 25, 46 B *S. Ziff. 15.
7	J.-M.-E. v. 20. Febr. 1863. (R.-Bl. 1863. S. 147.)	Die Visitation d. Stadt- und Landgerichte und Notariate.	1. Regelmäßige und außerordentliche Visitationen der Stadt- und Landgerichte durch die Staatsanwälte, erstere alle 2 Jahre; durch die Oberstaatsanwälte jährlich bei 3 Gerichten. 2. Berichterstattung.* 3. Vermeidung aller Weitläufigkeit. —	S. Ziff 2. § 51. Z. 6. XII. Z. 10. S. Ziff. 10, 11, 12, 13.
8	J.-M.-E. v. 20. Febr. 1863. (R.-Bl. 1863. S. 121.)	Die Beaufsichtigung d. Stadt- u. Landgerichte in den Gegenständen d. nichtstreitig. Rechtspflege u. ꝛc. ꝛc betr.	I. Allgemeine Bestimmungen. 1. Zuständigkeit des I. Staatsanwalts. 2. Prüfung der Geschäftsausweise.* 3. Sonstige Wahrnehmungen. 4. Einsicht und Abverlangung der Akten. 5. Erholung mündlicher und schriftlicher Aufschlüsse. 6. Beschränkung in Bezug auf Behandlung der Gegenstände. 7. Anzeige beim Bezirksgerichte mit Belegen und Antrag. 8. Vorgängige Vorlage an den Oberstaatsanwalt, Verfügung desselben. 9. Beschlußfassung des Bezirksgerichts, Rechtsmittel der Staatsanwaltschaft. 10. Verfahren bei Strafeinschreitung. 11. Oberaufsicht der Oberstaatsan-	S. Ziff. 6. XII. Ziff. 7. *S. Z. 11, 12.

Lauf. Ziff.	Art u. Datum der Entschließung. Sammlung.	Betreff.	Kurzer Inhalt.	Ziffer der hieher bezüglich. Entschließungen.
			wälte. Hinwirkung auf Gleichförmigkeit.	
			II. Besondere Bestimmungen. 1. Aufsicht über das Formelle und Materielle zu üben.* 2. Wie über das Formelle?* 3. Wie über das Materielle?*	*S. Z. 11, 12. *S. Z. 4 § 18, Ziff. 9. *S. Heft I. II.
			III. Schlußbestimmungen.	
9	J.-M.-E. v. 20. Sept. 1863. (J.M.Bl.1863. S. 105.)	Die Geschäfts- und Registraturordnung für die Stadt- u. Landgerichte in den Landestheilen diess. d. Rhs.	1. Einlauf. 2. Tagebücher. 3. Abgabe des Einlaufs an die Referenten. 4. Erledigung. 5. Rücklauf. 6. Registrirung. 7. Auslauf. 8. Anlegung und Aufbewahrung der Akten. 9. Generalakten. 10. Verlassenschaftsakten. 11. Pflegschaftsakten § 28 — 30. 12. Sammelakten. 13. Requisitionen-Sammlung. 14. Aeußere Beschaffenheit der Akten. 15. Versendung und Adhibirung.* 16. Offizialbetrieb. 17. Schlußbestimmung.†	*S. Ziff. 11. †S. Ziff. 7, 8.
10	J.-M.-E. v. 12. Mai 1864. (J.M.Bl.1864. S. 132.)	Visitation der Stadt- u. Landgerichte betr.	1. Die Visitationsvormerkungen sind auf besondere Bögen nach den Sparten auszuscheiden. 2. Kurze Fassung der Vormerkungen. 3. Verfahren bei Erholung einer J.-M.-E.	S. Z. 7, § 12 2c. S. Ziff. 13.
11	J.-M.-E. v. 28. Juli 1864. J.-M.-Bl. S. 181.)	Die Geschäfts- und Registraturordnung, dann die Geschäftsausweise und Gesch.-Uebersichten d. Stadt- und Landgerichte.	I. Vorübergehende Vorschriften. 1. Anschaffung des Formularienbedarfes. 2. Vorlage der Geschäftsausweise pro 1861/64. 3. Abschluß des allgemeinen Verzeichnisses und der bisherig. Reproduktionsverzeichnisse.* 4. Abgabe der Appellationsgerichtsakten an die Oberstaatsanwälte und Staatsanwälte.	S. Ziff. 9. * S. Ziff. 5. I.
			II. Nachtrag zur Geschäfts- u. Registraturordnung. 1. Registraturverzeichniß.* 2. Verzeichniß sämmtl. Pfleglinge.† 3. Currentverzeichnisse** mit Formularien. 4. Vormerkungsbogen.* 5. Hinterlegung der unerledigten und erledigten Akten.	* Siehe Ziff. 9. § 29, 37. † S. Ziff. 3, 5. ** S. Ziff. 12. *S. Ziff. 4, 12.
			III. Geschäftsausweise u. Geschäfts-Uebersichten. Currentverzeichnisse, deren Anfertigung, Sammlung der Vormerkungsbögen, deren Ausscheidung nach Zu- und Abgang. Einsendungstermin.*	S. Ziff. 8, 12. *S. Ziff. 16.

Lauf. Ziff.	Art u. Datum der Entschließung. Sammlung.	Betreff.	Kurzer Inhalt.	Ziffer der hieher bezüglich. Entschließnngen.
			Verfügung der Staatsanwälte und der Oberstaatsanwälte. Geschäftsübersichten, allgemeine und besondere mit Formular. Einsendungstermin.* Verfügung der Staatsanwälte und Oberstaatsanwälte. Gesonderte Berichterstattung.*	*S. Ziff. 16. *S. Z. 7, 12, 13.
12	J.-M.-E. v. 16. Nov. 1864. (J.-M.-Bl. S. 258)	Die Beaufsichtigung d. Pflegschaftswesens b.	1. Herstellung der Geschäftsausweise und Vormerkungsbogen für 1861/64. 2. Wann künftig ein Vormerkungsbogen anzufertigen ist?* 3. Inhalt desselben. 4. Dieselben sind nicht mehr nach Zu- und Abgang auszuscheiden und bleiben bei den Akten, daher nur mehr das Currentverzeichniß einzusenden. 5. Angabe des Vermögens u. Unterstreichung der unerled. Pflegschaften im Currentverzeichnisse, Einsicht von Akten und Berichterstattung.* 7. Einsendungstermin der Currentverzeichnisse.*	*S. Z. 11, Anlage IV. * S. Ziff. 7, 10, 11, 13. * S. Ziff. 16.
13	J.-M.-E. v. 19. Okt. 1865. (J.M.Bl. 1865 S. 167.)	Die Beaufsichtigung d. Pflegschafts- u. Verlassenschaftswesens.	Gesonderte Berichterstattung der Staatsanwälte u. Oberstaatsanwälte.	S. Z. 7. § 12. Z. 10, 11, 12.
14	J.-M.-E. v. 4. Aug. 1866. (J.M.Bl. 1866 S. 224.)	Die Beaufsichtigung d. Pflegschaftswesens.	1. Alimentenverträge können auch von den Vormundschaftsbehörden beurkundet werden, doch sind d. Betheiligten anzuweisen eine Notariatsurkunde errichten zu lassen. 2. Erziehung sorgfältig zu überwachen.* 3. Evidenthaltung der Pflegschaftsakten.† 4. Behandlung der Verlassenschaften wo Pfleglinge betheiligt sind.† 5. Rechnungsstellung* und Termine.**	*S. Abschn. C. †S. Z. 9. § 28 u. Ziff. 11. *S. Heft V. **S. Z. 9. § 38.
15	J.-M.-E. v. 7. Aug. 1866. (J.M.Bl. 1866 S. 239.)	Die Geschäftsbehandl. und den Geschäftsverkehr der Gerichte.	1. Verkehr zwischen den Stadt- und Landgerichten u. den Bezirksgerichten. 2. Marginalnotenwechsel.* 3. Vormerkungen statt der Protokolle.	*S. Ziff. 6.
16	J.-M.-E. v. 31. Mai 1867. (J.-M.-Bl. S. 145.)	Die Einführ. des Kalenderjahres in allen Zweigen des gerichtlichen Dienstes statt des bisher. Etatsjahres.	1. Einführung des Kalenderjahres als Etatsjahr mit 1868 2. Abschluß des Etatsjahres 1866/67 mit 31. Dez. 1867. 3) Entsprechende Verlegung der periodischen Termine.*	*S. Z. 7 § 12, 13; Z. 11, 12.

B.

Besondere Pflegschaftsangelegenheiten.

Lauf. Ziff.	Art u. Datum der Entschließung. Sammlung.	Betreff.	Kurzer Inhalt.	Ziffer d. hieher bezüglich. Entschließungen.
1	F.-M.-E. v. 29. Aug. 1819. (Döll. XVI. S. 28.)	Competenzerweiterung d. Centralbaubureaus.	Ermächtigung d. Centralbaubureaus, die dienstl. Bewilligung zur Vormundschaftsübernahme zu ertheilen.	S. Z. 2, 3, 9, 49. Heft II. A. Z. 4, 5, 9.
2	Verordn. v. 30. Sept. 1819. (Döll. XVII. S. 738.)	Bewilligung zur Vormundschaftsübernahme von Seite der Staatsdiener.	Ermächtigung der Kreisregierungen, K. d. J., die dienstliche Bewilligung zur Vormundschafts-Uebernahme für das Personal des reinen Administrativdienstes zu ertheilen.	S. Z. 1, 9, 49. Heft II. A. Z. 4, 5, 9.
3	Verordn. v. 30. Sept. 1819. (Döll. XVII. S. 739.)	Bewilligung zur Vormundschaftsübernahme für das Personal der Landgerichte.	Ausdehnung obiger Ermächtigung auf das Landgerichtspersonal u. Motive zur Bewilligung.	S. Z. 1, 2, 49. Heft II. A. Z. 4, 5, 9.
4	Verordn. v. 23. Sept. 1821. (R.-Bl. 1821. S. 868.)	Jurisdiktionsvertrag mit Württemberg.	Zusicherung gegenseitiger Rechtshilfe; Gerichtsstand der geführten Verwaltung.	S. Z. 6.
5	M.E. d. Innern v. 31. März 24. (Döll. XV. S. 822. XIII. S. 759.)	Die polizeiliche Aufsicht auf die unehelich gebornen Kinder.	Allgemeine Geburts-Anzeigepflicht.* Besondere Pflicht d. Gebäranstalten.** Eintragung in die pfarrlichen Bücher. Polizeiliche Sorgfalt für die Kostkinder.*	*S. Z. 7, 8, 10, 11, 14, 15, 16, 17, 18, 19, 20, 21, 27, 28, 31, 36, 51.** S. Z. 10, 14, 15, 30. *S. Z. 29, 30.
6	Verordn. v. 8. März 1825. (R.-Bl. 1825. S. 1154.)	Nachträgliche Uebereinkunft mit der Krone Württemberg, die Bevormundung der in Bayern und Württemberg zugleich begüterten Minderjährigen.	Vormundschaftsbestellung bei liegendem Vermögen in Bayern u. Württemberg in 7 Artikeln geregelt.	S. Z. 4.
7	M.E. d. Innern v. 25. Juli 25. (Döll. VIII. S. 424.)	Die Eintragung unehelicher Kinder in die pfarrlichen Geburts-Register.	Eintrag der unehelichen Kinder in die pfarrlichen Geburtsregister.* Eintrag des Namens des Vaters ** Anzeige an die Polizeibehörde.* Vorbehalt der Spezialgesetze.	*S. Z. 5. **S. Z. 8, 11, 16, 27, 28, 29, 31. *S. Z. 17, 18, 19, 20, 21, 51.
8	J.-M.-E. vom 10. Juni 1826. (Döll. VIII. S. 426.)	Die Eintragung unehelicher Kinder in die pfarrlichen Geburts-Register.	Vorbedingungen für den Eintrag des väterlichen Namens. Pflicht der Gerichtsbehörden, die gerichtlichen Paternitätserklärungen und Erkenntnisse dem Pfarramte mitzutheilen.	S. Z. 7, 16, 27, 28, 31, 37, 38, 40, 41, 42, 43, 44, 45. Abth. A. Z. 14.

Lauf. Ziff.	Art u. Datum der Entschließung. Sammlung.	Betreff.	Kurzer Inhalt.	Ziffer d. hieher bezüglich. Entschließungen.
9	M.-E. d. Innern u. d. Finanzen v. 20. März 27. (Döll. XVII. S. 741.)	Bewilligung zur Vormundschaftsübernahme von Seite der Staatsdiener.	Fortbestand der V. v. 30. Sept. 1819 ungeachtet der Formationsverordnung v. 17. Dez. 1825.	S. Z. 2, 3, 49.
10	M.-E. d. Innern v. 2. März 29. (Döll. XV. S. 824.)	Die Gebäranstalt in Regensburg b.	Vierteljähr. Geburtsanzeigen. Verfahren bei Aufnahme von Kostkindern in der Oberpfalz u. Unterfranken.	S. Ziff. 5, 14, 15, 30.
11	M.-E. d. Innern v. 30. März 29. (Döll. VIII. S. 427.)	Die Anzeigen der Geborenen und Gestorbenen.	Die öffentl. Anzeigen der unehelich Gebornen dürfen den Namen der Mutter nicht enthalten.	
12	M.-E. d. Innern v. 11. Aug. 30. (Döll. XIII. S. 766)	Das Verfahren bei Aufnahme geisteskranker Personen in öffentlichen Verwahrungs- oder Heilanstalten.	Hinweisung auf die Gesetze bezügl. des gerichtlichen Verfahrens. Vorbehalt polizeilicher Anordnungen.	Siehe Heft II. C. 17.
13	Verordn. vom 19. Okt. 1832. (R.-Bl. 1862. S. 821.)	Auszug aus dem Landtagsabschiede für den Rezatkreis.	Alimentationserkenntniß und Kompetenz der Gerichte hiezu. Kompetenz derselben zur Bestimmung der Alimentengröße. —	S. Z. 8, 40, 41. Abth. A. Z. 14 u. Heft IV.
14	M.-E. d. Innern v. 24. Jan. 1835 (Döll. XV. S. 826)	Die gerichtliche Aufsicht auf die außerehelich geborenen Kinder.	Schleunige Bestellung der Vormünder. Wöchentl. Geburtsanzeigen der Gebäranstalten an die Gerichte.	S. Z. 10, 15, 30
15	J.-M.-E. vom 16. Juli 1835. (Döll. XV. S. 828.)	Die gerichtliche Aufsicht auf die außerehelich geborenen Kinder.	Formularien zu den den Gerichten zu erstattenden Geburtsanzeigen der Gebäranstalten. Schonung der Familienverhältnisse.	S. Ziff. 5, 10, 14, 30.
16	M.-E. d. Innern v. 4. Dez. 1837 (Döll. VIII. S. 429.)	Die Geburtsnamen der v. den Wittwen außerehelich geborenen Kinder.	Solche Kinder dürfen nur den Namen führen, den die Mutter ledigen Standes hatte. —	S. Z. 7, 8, 11, 16, 27, 28, 29, 31, 38, 42, 43, 44, 45.
17	J.-M.-E. vom 14. Mai 1838. (Döll. VIII. S. 437.)	Die pfarramtlichen Anzeigen der Geburts- und Sterbefälle an die Gerichte.	Diese Anzeigen sind nur einfache, und förmliche Auszüge nur auf Antrag der Parteien und Gerichte als Parteisache auszufertigen.	S. Z. 18, 19, 20, 21, 47, 51.
18	R.-A. vom 13. April 1839. (KJBl. f. OB. 1839. S. 437.)	Die gerichtliche Aufsicht auf die außerehelich geborenen Kinder.	Anzeige der unehl. Geburten durch die Pfarrämter an die Gerichte mit Formular.	S. Z. 7, 14, 17, 19, 20, 21, 51.
19	M.-E. d. Innern v. 11. Juni 41. / 4. Juli (Ros. Handb. d. Pfl. S. 86 Not.)	Die pfarramtlichen Anzeigen über Geburts- und Sterbefälle unehel. Kinder.	Monatliche uneheliche Geburts- und Todesanzeigen der Pfarrämter an die Gerichte. Inhalt dieser Anzeigen.	S. Z. 7, 17, 18, 20, 21, 47, 51.
20	R.-A. vom 13. Juli 1841. (KJBl. f. O.B. 1841. S. 793.)	Die pfarramtlichen Anzeigen über Geburts- und Sterbefälle unehl. Kinder.	Formular für diese monatlichen Anzeigen der Pfarrämter.	S. Z. 7, 17, 18, 19, 21, 47, 51.

Lauf. Ziff.	Art u. Datum der Entschließung. Sammlung.	Betreff.	Kurzer Inhalt.	Ziffer d. hieher bezüglich. Entschließungen.
21	RA. v. 26. Aug. 41 (KJBl. 1841 S. 976.)	Betreff wie vor.	Angabe und Ermittelung der Heimath der Mütter.*	*S. Z. 7, 17, 18, 19, 20, 21, 47, 51.
22	A. G.-A. vom 27. Dez. 1843. (K.J.Bl. 1844. S. 22.)	Gerichtl. Mittheilung über eingeklagte oder durch Vergleich übernommene Alimentationsverbindlichkeiten der Gendarmen gegen außerehel. Kinder betr.	Verpflichtung der Gerichte zu den im Betreffe bezeichneten Mittheilungen.	S. Z. 24.
23	A. G.-A. vom 9. Febr. 1844. (K.J.Bl. 1844. S 257.)	Die religiöse Erziehung der Kinder durch deren Vormünder.	Rücksichtnahme auf ein gleiches Religionsbekenntniß bei der Wahl der Vormünder.	S. Z. 26 und Abth. C. Z. 26.
24	A. G.-A. vom 20. März 1844. KJBl. S. 487.)	Gerichtl. Mittheilung über Alimentations-Verbindlichkeiten der bei der Zollgrenzwache Bediensteten.	Verpflichtung der Gerichte zu den im Betreffe bezeichneten Mittheilungen.	S. Z. 22.
25	A. G.-A. vom 31. Aug. 1847. (K.J.Bl. 1847. S. 1294.)	Die Correspondenz der Gerichte mit den belgischen Gerichtshöfen.	Erforschung der Vaterschaft in Belgien verboten. — Requisitionen in Privatsachen werden von den belgischen Gerichten nicht erledigt.	S. Abtheil. A. Z. 6. VIII.
26	A. G.-A. vom 16. Mai 1848. (K.J.Bl. 1848. S. 764.)	Die Bevormundung minderj. Kinder.	Rücksichtnahme auf ein gleiches Religionsbekenntniß bei der Wahl der Vormünder.	S. Z. 23. Abth. C. Z. 26.
27	ME. d. Innern v. 2. Juli 1848 (Döll. XXIII. S. 116.)	Die Eintragung unehl. Kinder in die pfarrl. Geburtsregister.	Uneheliche Kinder haben den Namen der Mutter. Paternität ohne Einfluß hierauf.* Wirkungen der Legitimation, Arrogation und Adoption, Namensänderung.** Anzeige der Adoptionen und Legitimationen durch die Gerichte an die Pfarrämter.*	*S. Z. 7, 8, 11, 16, 27, 28, 29, 31. **S. Z. 8, 16, 28, 31, 38, 42, 43, 44, 45, 51 * S. Z. 28, 37, 42, 51. Abth. A. Z. 2.
28	K.-A. vom 27. März 1849 (K.J.Bl. 1849. S. 449.)	Die Eintragung unehl. Kinder in die pfarrl. Geburtsregister.	Namensführung u. Aenderung, Legitimationen, Arrogationen, Adoptionen (zc. wie bei 27).	S. Z. 7, 8, 16, 27, 31, 38, 42, 43, 44, 45, 37, 51; Abth. A. Ziff. 2.
29	K.-A. vom 21. April 1849. (K.J.Bl. 1849. S. 601.)	Aufsicht auf die unehl. sog. Kostkinder.	Sorge für Familienstand, Heimath, Unterhalt, Erziehung und Unterricht. Verfahren bei Aufnahme der Kostkinder.	S. Z. 7 und Heft II.
30	ME. d. Innern v. 18. Nov. 52. (Döll. XXIX. S. 360.)	Die polizeil. Aufsicht auf die unehel. geb. Kinder.	Die Geburtsanzeigen der Gebäranstalten an die Gerichte unterbleiben und sind ohne Ausnahme monatlich der Polizeibehörde zu erstatten, welche der Polizeibehörde der Heimath Nachricht gibt, damit diese das Heimaths-	S. Z. 5, 14.

Lauf. Ziff.	Art u. Datum der Entschließung. Sammlung.	Betreff.	Kurzer Inhalt.	Ziffer d. hieher bezüglich. Entschließungen.
			gericht verständigt. Besondere persönliche Rücksichten.	
31	J.-M.-E. vom 15. Dez. 1852. (Z. f. G.-G. Bd. I. S. 6.)	Die Familiennamen der unehl. Kinder.	Beilegung des väterlichen Namens ohne landesherrliche Genehmigung für uneheliche Kinder verboten. Verfahren bei Gesuchen um Namensänderung.	S. Z. 8, 16, 27, 28, 38, 42, 43, 44, 45.
32	J.-M.-E. vom 2. Juni 1855. (Z. für G.-G. Bd. II. S. 131.)	Die Besitzveränderungen bei dem Absterben der Eheleute d.	Verfahren bei Communhausung. Besitztitelberichtigung im Hypothekenbuche, Katasterumschreibung, Erbschaftszeugniß.	S. Ziff. 33.
33	J.-M.-E. vom 16. Jan. 1857. (Z. für G.-G. Bd. IV. S. 7.)	Die Art der Inventarisirung bei dem Ableben eines Theilhabers an sog. Communwirthschaften.	Ausscheidung des gemeinschaftlichen Vermögens der Ueberlebenden aus dem des Verstorbenen.	S. Ziff. 32.
34	J.-M.-E. vom 9. Novbr. 1857 (Z. f. G.-G. Bd. IV. S. 468.)	Die Competenz in Verschollenheitssachen.	Verschollenheitssachen als Gegenstand der nichtstreitigen Rechtspflege erklärt.	S. Heft II. C. 14, u. Heft IV.
35	J.-M.-E. vom 1. Juni 1862. (R.-Bl. 1862. S. 961.)	Die Instruktion zum Vollzuge d. Notariats-Gesetzes.**	§ 56. Aufnahme d. Curatelbeschlüsse ꝛc. in die Ausfertigungen. § 62—64. Uebersendung von Not-Urkunden an die Gerichte. § 81. Urkunden über Verträge bei welchen Minderjährige betheiligt sind.* § 101. Wahl der Notare bei gerichtlich übertragenen Geschäften. § 103—105. Inventare. § 106—108. Versteiger. in Pflegschaften und Verlassenschaften. § 127. Verzeichnisse d. Kuratelmäßigen.	** S. Heft II. C. 15. * S. unt. Z. 48.
36	Verordn. vom 13. Juni 1862. (R.-Bl. 1862. S. 1196.)	Die Anzeige von Entbindungen.	Anzeigepflicht und Anzeigeort.	S. Z. 7, 8, 10, 11, 14, 15, 16, 17, 18, 19, 20, 21, 27, 28, 31, 51.
37	J.-M.-E. vom 28. Juni 1862. (Hdb. d. b. St.-V. Suppl. Bd. III S. 253.)	Die Behandlung d. Gesuche um Großjährigkeitserkl., Adoption ꝛc.	Die Gesuche sind beim Untergerichte einfach einzureichen.	S. Abth. A. Ziff. 2.
38	J.-M.-E. vom 6. Mai 1863. (J.-M.-Bl. 1863 S. 33.*)	Die Gesuche um Namensänderungen.	Abgabe der Gutachten des Ober- und Bezirksgerichts-Staatsanwalts u. der Stadt- u. Landgerichte an die Kreisregierung.	S. Z. 8, 16, 27, 28, 31, 38, 42, 43, 44, 45.
39	J.-M.-E. vom 28. Mai 1863. (J.-M.-Bl. S. 6.)	Die Anzeigen wegen körperl. Mißhandlung durch Mißbrauch des Züchtigungsrechtes der Schullehrer.	Vorgängige Vorlage der Anzeige an den bezirksgerichtlichen Staatsanwalt.	S. Heft II.

Lauf. Ziff.	Art u. Datum der Entschließung. Sammlung.	Betreff	Kurzer Inhalt.	Ziffer d. hieher bezüglich. Entschließungen.
40	J.-M.-E. vom 24. Jan. 1864. (J.M.Bl. 1864. S. 20.)	Die Beurkundung der Verträge über die Alimentation der unehl. Kinder.	Diese Beurkundung steht nicht den Pflegschaftsbehörden, sondern den Notaren zu.	S. Z. 8, 13, 41, Abth. A. Z. 14.
41	J.-M.-E. vom 20. April 1864 (J.M.Bl. 1864 S. 121.)	Die Ersuchschreiben der Vormundschaftsbehörden zum Zwecke der Ermittelung der Vatersch. u. Alimentation außerehelicher Kinder.	Diese Ersuchschreiben liegen in der Competenz u. Pflicht der Pflegschaftsbehörden.	Vgl. Z. 8, 13, 40. Abth. A. Ziff. 14.
42	J.-M.-E. vom 18. Jan. 1865 J.M.Bl. 1865. S. 2.)	Das Verfahren bei den mit Adoptions- und Legitimationsgesuchen verbundenen Namensänderungsgesuchen.	Vernehmung d. Kreisregierung durch den Oberstaatsanwalt vor der Aktenvorlage an das Justizministerium.	S. Z. 8, 16, 27, 28, 31, 37, 38, 42, 43, 44, 45. Abth. A. 2.
43	J.-M.-E. vom 24. März 1866. (J.M.Bl. 1866 S. 61.)	Gesuche um Bewilligung zur Vornamensänderung.	Auch zur Vornamensänderung sind die Gutachten nach Ziff. 38 oben zu erholen.	S. Z. 38, 44.
44	M.E. d. Innern v. 8. März 1866 (J.M.Bl. 1866 S. 62.)	Das Gesuch des . . . um die Erlaubniß zur Aenderung seines Vornamens.	Competenz der Distriktspolizeibehörde in I., und der Kreisregierung in II. Instanz. Gleichstellung der israelitischen Namensänderungen.	S. Z. 38, 43.
45	J.-M.-E. vom 6. Juni 1866. M.E. d. Innern v. 16. Mai 1866 (J.M.Bl. 1866 S. 157.)	Die Gesuche um Berichtigung v. Familiennamen.	Gleiches Verfahren wie bei Vornamensänderungen.	S. Z. 38, 42, 43, 44.
46	J.-M.-E. vom 10. Okt. 1866. (J.M.Bl. 1866 S. 282.)	Den gerichtl. Verkehr mit den bei den vereinigten Staaten von Nordamerika beglaub. Konsuln.	Berücksichtigung des Kostenpunktes.	Siehe Ziff. 6. Abth. A.
47	J.-M.-E. vom 5. Dez. 1866. M.E. d. Innern v. 26. Nov. 1866 (J.M.Bl. 1866 S. 351.)	Die Erstattung von Todesanzeigen an die Gerichte d. d. Rh.	Verpflichtete Organe. Regel, Ausnamen. Formular, Sperre und Versiegelung des Nachlasses.	S. Z. 17, 19, 20, 21, 51.
48	J.-M.-E. vom 7. Dez. 1867. (J.M.Bl. 1867 S. 289.)	Das Verfahren der Notare bei Verhandlungen wenn in denselben Personen betheiligt sind, welche unter Pflegschaft zu stehen haben.	Die Notare dürfen in keinem Falle Vormünder und Curatoren verpflichten, sondern haben die vorgängige Verpflichtung durch die Pflegschaftsbehörden zu veranlassen. —	S. Z. 35 und Heft II. C. 15.
49	Verordn. vom 10. März 1868. R.-Bl. 1868. S. 449.)	Die Uebernahme von Nebengeschäften durch Beamte u. öffentliche Diener.	1. Die Uebernahme einer Vormundschaft muß der vorgesetzten Stelle angezeigt werden. 2. Verfahren der Letzteren. —	S. Z. 1, 2, 3, 9. Heft II. A. Z. 4, 5, 9.

Lauf. Ziff.	Art u. Datum der Entschließung. Sammlung.	Betreff.	Kurzer Inhalt.	Ziffer d. hieher bezüglich. Entschließungen.
50	J.-M.-E. vom 2. Juni 1868. (JMBl. S. 123)	Die Ansprüche der Kinder aus d. Ueberlosung aus elterlichen Liegenschaften betr.	Verfahren der Pflegschaftsbehörden und Hypothekenämter, wenn zwischen dem überlebenden Ehegatten und den Kindern Liegenschaften überlassen, den Kindern aber für den Veräußerungsfall Antheile an einem etwaigen Mehrerlöse, Ueberlosungsantheile, vorbehalten werden.	
51	ME. d. Innern f. K. u. Sch. v. 23. Febr. 1869. (KABl. f. OB. 1869. S. 503.)	Die Anzeigen d. Pfarrämter an die Gerichte über die Geburten und Todesfälle unehl. Kinder, dann üb. die Legitimation solcher Kinder durch nachf. Ehe b.	1. Die Pfarrämter haben die Geburten monatlich den Gerichten in tabellarischer Form auch vor der Taufe anzuzeigen.* 2. Gleiche Anzeige haben sie von den Legitimationen durch nachf. Ehe zu machen.** 3. Die Anzeige der Todesfälle unehel. Kinder obliegt ihnen nicht mehr.***	* S. Z. 7, 17, 18, 19, 20, 21, 47. **S. Z. 27, 28. *** S. Z. 47.

C.

Erziehungswesen.

Lauf. Ziff.	Art u. Datum der Entschließung. Sammlung.	Betreff.	Kurzer Inhalt.	Ziffer d. hieher bezüglich. Entschließungen.
1	Verordn. vom 18. Mai 1803. (R.-Bl. 1803. S. 321.)	Die Religionsverhältnisse der Kinder bei vermischten Ehen.	Ehevertragsschluß vor und bei Eingehung der Ehe zuläßig.* Abänderungen zuläßig.** Ehevertragsschluß nach Eingehung der Ehe zuläßig. Diskretionsjahre.* Wahl der Kinder nach erreichtem Unterscheidungsalter.* Aenderung auf Ableben eines Ehegatten unzuläßig.**	* S. Z. 5, 17, 18, 19, 20. ** S. Z. 5, 7, 18, 19, 20. * S. Z. 5, 17, 18, 19, 20. * S. Z. 3, 6, 15, 21, 24, 25, 27, 33. ** S. Z. 5, 24, 33, 34.
2	Verordn. vom 14. Sept. 1804. (R.-Bl. 1804. S. 873.)	Die von den Vormündern auf fremde Universitäten zu verschickenden Mündel b.	Unzuläßigkeit des Studirens Minderjähriger auf ausländischen Universitäten und der Verabfolgung ihres Vermögens an sie in diesem Falle.	
3	Verordn. vom 13. März 1807. (Döll. VIII. S. 51. § 26.)	Die Religionserziehung unehelicher Kinder b.	Uneheliche Kinder sind nach der Religion der Mutter zu erziehen,* bis zur legitim. per subs. m. Entgegen erzwungene Erziehung ist wieder aufzuheben.**	* S. Z. 4, 10, 11, 12, 17, 19, 29, 30. ** S. Z. 1, 6, 15, 21, 24, 25, 27, 33.
4	ME. d. Innern v. 9. März 1808.	Die religiöse Erziehung unehelicher Kinder.	Erziehung eines unehel. vom Vater anerkannten Kindes, dessen Mutter einen andern geheirathet.	S. Z. 3, 10, 11, 12, 17, 19, 20, 30.
5	Verordn. vom 11. Mai 1815. (Döll. VIII. S. 40.)	Die religiöse Erziehung der Kinder aus gemischten Ehen.	Vertragsabschluß*, Form**, Aenderung.* Tod eines Ehegatten.† Beschränkung der Vormünder u. Obrigkeiten.**	* S. Z. 1, 17, 18, 19, 20. ** S. Z. 19, 22. † S. Z. 1, 24, 33, 34. ** S. Ziff. 7, 18, 26.
6	ME. d. Innern v. 31. Jan. 1830 (Döll. VIII. S. 50.)	Die religiöse Erziehung der Kinder aus ungemischten Ehen.	Die Kinder folgen den Eltern. Aenderung.* Dispensation in öffentlichen Anstalten. Taufnamensänderung.*	* S. Z. 1, 3, 15, 21, 24, 25, 27, 33. * S. Abth. B. Z. 43.
7	ME. d. Innern v. 1. Juli 1832. (Döll. VIII. S. 41.)	Die religiöse Erziehung kathol. Kinder der zur prot. Kirche übergetretenen Einwohner v. N.	Einschreitung von Amtswegen verboten.* Competenz der Distriktspolizeibehörden. Instanzenzug.**	* S. Z. 5, 18, 26, 16, 23, 31, 36. ** S. Z. 9, 14, 28.
8	ME. d. Innern v. 3. Jan. 1833. (Döll. VIII. S. 41.)	Die religiöse Erziehung des Freiherrn v. N.	Religionswechsel der Eltern ohne Einfluß auf die geborenen Kinder.	S. Z. 13, 32.

Lauf. Ziff.	Art u. Datum der Entschließung. Sammlung.	Betreff.	Kurzer Inhalt.	Ziffer d. hieher bezüglich. Entschließungen.
9	Verordn. vom 19. Okt. 1832. (Döll. XII. S. 488.)	Auszug aus dem Landrathsabschiede für den Rezatkreis.	Competenz in Alimenten-Streiten.* Größe der Alimentation. Aufsichtsrecht der Armenpflegen und Geistlichen auf die Erziehung.**	*S. Z. 7, 14, 28 **S. Z. 5, 7, 16, 23, 31, 36.
10	ME. d. Innern v. 14. Juni 35. (Döll. VIII. S. 53.)	Die religiöse Erziehung des unehelichen Sohnes des N.	Erziehung eines unehel. Sohnes nach der Religion des Vaters, der ihn gerichtlich anerkannt hat.	S. Ziff. 3, 4, 11, 12, 17, 19, 29, 30.
11	ME. d. Innern v. 7. Okt. 1835. (Döll. VIII. S. 53.)	Die religiöse Erziehung des unehelich erzeugten Kindes des N.	Kein Einfluß der späteren väterlichen Anerkennung und Legitimation auf die bisherige Erziehung.	S. Z. 3, 4, 10, 12, 17, 19, 29, 30.
12	ME. d. Innern v. 14. Febr. 36. (Döll. VIII. S. 54.)	Die Taufe des unehl. jüdischen Kindes des N.	Taufe eines unehelichen jüdischen Kindes mit Zustimmung der Mutter unabänderlich.	S. Z. 32.
13	ME. d. Innern v. 25 Febr. 36. (Döll. VIII. S. 50.	Die Nichtanwendbarkeit der § 14 u. 18 in der II. Verf.-Beil. auf die religiöse Erziehung von Kindern aus einer ursprüngl. ungemischten Ehe, wenn nach Eingehung derselben ein Ehegatte d. Glaubensbekenntniß ändert.	Inhalt wie Betreff.	S. Z. 8, 32.
14	ME. d. Innern v. 23. März 36. (Döll. VIII. S. 55.)	Die religiöse Erziehung des unehel. Kindes der B. N.	Welches forum domic. der Eltern ist maßgebend? Spätere Domizilsänderung wirkungslos.	S. Z. 7, 9, 28,
15	ME. d. Innern v. 12 Jan. 37. (Döll. VIII. S. 43.)	Die religiöse Erziehung des N.	Unzulässigkeit einseitiger Vertragsänderung. Die vollzogene Aenderung ist aber bis zum Unterscheidungsalter zu belassen.*	*S. Z. 1, 3, 6, 21, 24, 25, 27, 33.
16	ME. d. Innern v. 11. Sept. 37. (Döll. VIII S. 44.)	Die Anwendung des § 23 der II. V.-B.	Befugnisse des Pfarramts bezüglich der religiösen Erziehung d. Kinder aus gemischten Ehen.	S. Ziff. 5, 7, 16, 18, 23, 26, 31, 36.
17	ME. d. Innern v. 31 Mai 38. (Döll. VIII. S. 45.)	Die Anwendung der Bestimmungen in § 12 bis 23 der II. V.-B. über die religiöse Erziehung der Kinder aus gemischten Ehen.	Vertragsabschluß vor, bei u. nach Eingehung der Ehe.* Aenderung bis zur Confirmation und Communion zulässig.* Gleiches Recht bezügl. der per subs. m. legitimirten Kinder.**	*S. Ziff. 1, 5, 18, 19, 20. **S. Z. 3, 4, 10, 11, 17, 19, 29, 30.
18	ME. d. Innern v. 22. Juni 38. (Döll. VIII. S. 47.)	Die religiöse Erziehung der Kinder des N. b.	Vertragsabschluß minderj. Eltern mit und ohne Curator ungiltig.* Venia aetatis wirkungslos.	*S Z. 1, 5, 7, 17, 19, 20, 26.

Lauf. Ziff.	Art u. Datum der Entschließung. Sammlung.	Betreff.	Kurzer Inhalt.	Ziffer d. hieher bezüglich. Entschließungen.
19	ME. d. Innern v. 17. Juni 38. (Döll. VIII. S. 56.)	Die religiöse Erziehung des unehl. Knaben N.	Vertragsabschluß vor, bei und nach Eingehung der Ehe zulässig.* Vertragsänderung zulässig bis zur Communion und Confession.* Entgegenstehende Partikulargesetze durch die V.-U. derogirt. Form der sonstigen Verträge.† Vertragsrecht d. unehel Eltern.**	*S. Z. 1, 5, 17, 18, 20. †S. Z. 5, 22. **S. Z. 3, 4, 10, 11, 17, 29, 30.
20	ME. d. Innern v. 13. Juli 38. (Döll. VIII. S. 47.)	Die Religions-Erziehung von Kindern aus ungemischten Ehen.	Vertragsabschluß vor, bei u. nach Eingehung der Ehe bei gemischten u. ungemischten Ehen.*	*S. Z. 15, 17, 18, 19.
21	ME. d. Innern v. 8. April 39. (Döll. XXIII. S. 2.)	Die Beschwerde wegen Aufnahme der M. B. in die römisch-kathol. Kirche.	Wirkungen eines ungesetzlichen Uebertritts a) in politischer, b) in kirchlicher Hinsicht.	S. Z 1, 6, 15, 24, 25, 27, 33.
22	ME. d. Innern v. 20. Febr. 40. (Döll. XXIII. S. 25.)	Die relig. Erziehung des N.	Form der Verträge.	S. Z. 5, 19.
23	ME. d. Innern v. 12. April 42. (Döll. XXIII. S. 26.	Die relig. Erziehung des N.	Zulässigkeit d. Offizialeinschreitung.	S. Ziff. 7, 16, 31, 36.
24	ME. d. Innern v. 13. Aug. 43. (Döll. XXIII. S. 8.)	Die relig. Erziehung der Kinder durch deren Vormünder.	Rücksichtnahme auf ein gleiches Religionsbekenntniß bei der Wahl der Vormünder.*	*S. Z. 1, 6, 15, 21, 25, 27, 33. **S. Z. 1, 5, 34.
25	ME. d. Innern v. 30. Nov. 43. (Döll. XXIII. S. 9.)	Die Aufnahme des unmündigen J. V. in den katholischen Religions-Unterricht ꝛc.	Wirkungen eines ungesetzlichen Uebertritts.* Ungesetzliche Aenderung durch die Wittwe.**	S. Z. 1, 6, 15, 21, 24, 27, 33.
26	J.-M.-E. vom 3. Febr. 1844. (Döll. VIII. S. 32.)	Die Aufnahme d. minderj. S. in die kathol. Kirchengemeinschaft.	Wirkungen eines ungesetzl. Uebertrittes.*	*S. Ziff. 5, 7, 18, 26.
27	Verordn. vom 26. April 1845. (Döll. XXIII. S. 13.)	Die Beschwerde bezügl. vorgekommener Religionsänder. vor erreichtem Unterscheid.-Alter.	Wirkungen eines ungesetzl. Uebertrittes.*	S. Z. 1, 6, 15, 21, 24, 25, 33.
28	ME. d. Innern v. 18. Nov. 46. (Döll. XXIII. S. 32.)	Die konfessionelle Erziehung der N.	Competenz d. Distriktspolizeibehörde in I. u. der Kreisregierung in II. Inst.	* S. Ziff. 7, 9, 14, 28.
29	Verordn. vom 14. März 49. (Döll. XXIII. S. 29.)	Die relig. Erziehung des unehel. Knaben N.	Ausschließliches Erziehungsrecht der unehelichen Mutter. Anerkennung des Vaters. Nichtanwendbarkeit des § 18 der II. Verf.-Beil.*	*S. Z. 3, 4, 10, 11, 17, 19, 30.

Lauf. Ziff.	Art u. Datum der Entschließung. Sammlung.	Betreff.	Kurzer Inhalt.	Ziffer d. hieher bezüglich. Entschließungen.
30	ME. d. Innern f. K.= u. Sch. v. 23. März 1849. (Döll. XXIII. S. 30.)	Die Taufe des unehel. Knaben der kathol. N.	Erziehungsrecht d. unehel. Mutter. *	*S. Z. 3, 4, 10, 11, 17, 19, 29.
31	Reg.=A. vom 21. April 1849 K.J.Bl. 1849. S. 601.)	Aufsicht auf die unehel. und sog. Kostkinder.	Aufsicht der Polizeibehörden. *	*S. Z. 5, 7, 16, 18, 23, 26, 36.
32	ME. d. Innern f. K.= u. Sch. v. 7. Jänner 1850 (Döll. XXIII. S. 19.)	Den Uebertritt d. israelitischen Kinder des N. zur kathol. Kirche.	Befugniß d. Vaters zur Aenderung.*	*S. Z. 8, 12, 13.
33	ME. d. Innern f. K.= u. Sch v. 11. Dez. 1850. (Döll. XXIII. S. 34.)	Die relig. Erziehung d. Korporalstöchter W. und L.	Wirkung einer ungesetzl. Aenderung.*	S. Z. 1, 6, 15, 21, 24, 25, 27.
34	ME. d. Innern f. K.= u. Sch. v. 17. April 1852. (Döll. XXIII. S. 21.)	Die Beschwerde des N. wegen Aufnahme der (israel.) W.'schen Kinder in d. kathol. Kirche.	Befugnisse der Wittwe zur Aenderung.*	*S. Z. 1, 5, 8, 13, 24.
35	J.=M.=E. vom 28. Mai 1863. (JMBl. 1863. S. 6.	Die Anzeigen wegen körperl. Mißhandlung durch Mißbrauch des Züchtigungsrechtes der Schullehrer.	Verfahren bei Strafanträgen gegen Schullehrer.	
36	J.=M.=E. vom 4. Aug. 1866. (JMBl. 1866. S. 224.)	Die Beaufsichtigung des Pflegschaftswesens.	Pflicht der Pflegschaftsbehörden zur Sorge für die Erziehung der Kinder.*	*S. Z. 5, 7, 16, 18, 23, 26, 31, 36; 9, 14, 28.

D.

Verzeichniß der Formulare.

Lauf. Ziff.	Art.	Inhalt.
1	Signat.	Vorladung der unehelichen Kindsmutter mit Vormund und Kindsvater zur Pflegschaftsbestellung.
2	Dekret.	Erste schriftliche Vorladung der Kindsmutter mit Vormund und Kindsvater zur Pflegschaftsbestellung.
3	Schreiben.	Erstes Ersuchen an ein anderes Gericht, die Kindsmutter mit Vormund und Kindsvater zur Pflegschaftsbestellung zu kompassiren.
4	Schreiben.	Wiederholtes Ersuchen an ein anderes Gericht, die Kindsmutter mit Vormund u. Kindsvater zur Pflegschaftsbestellung zu kompassiren.
5	Dekret.	Wiederholte schriftliche Vorladung der Kindsmutter mit Vormund und Kindsvater zur Pflegschaftsbestellung.
6	Schreiben.	Ersuchen an ein anderes Gericht, die Kindsmutter über Vaterschaft und Alimentation zu vernehmen, eventuell den Vormund zu verpflichten und die Beurkundung des Alimentenvertrages zu veranlassen.
7	Protokoll.	Verpflichtung des Vormundes (mit Formel).
8	Protokoll.	Verpflichtung des Vormundes (kürzere)
9	Protokoll.	Vernehmung der Kindsmutter, Verpflichtung des Vormundes und Alimentenvertrag.
10	Protokoll.	Vernehmung der Kindsmutter, Verpflichtung des Vormunds und dessen Anweisung sich über Alimentenvertrag oder Klagestellung auszuweisen.
11	Protokoll.	Alimentenvertrag.
12	Protokoll.	Vernehmung der Kindsmutter bezüglich ihrer Ansprüche gegen den Kindsvater durch das requirirte Gericht.
13	Vormerkung.	Vormerkung über den bei der Pflegschaftsbehörde vorbehaltlich der notariellen Beurkundung vereinbarten Alimentenvertrag.
14	Schreiben.	Rücksendung der obervormundschaftlich genehmigten Alimentenvertragsurschrift an den Notar.
14*	Beschluß.	Obervormundschaftliche Genehmigung des von dem beurkundenden Notar in Urschrift vorgelegten Alimentenvertrages.
15	Circular.	Nachricht an die Betheiligten, daß der notarielle Alimentenvertrag obervormundschaftlich genehmigt worden sei.
16	Dekret.	Auftrag an den Vormund zur Klagestellung gegen den Kindsvater.
17	Schreiben mit Signat.	Ersuchen an das Prozeßgericht, der Alimentenklage als forum delicti stattzugeben.
18	Schreiben.	Ersuchen an das Prozeßgericht um Aufschluß über den Stand des Alimentenprozesses.
19	Schreiben.	Nachricht von der obervormundschaftlichen Vergleichsgenehmigung an das Prozeßgericht.
20	Schreiben.	Nachricht an das Pfarramt (die Curatie, Expositur ꝛc.) von der Paternität behufs Ergänzung der Geburtsregister.
21	Beschluß und Vormerkung.	Genehmigung eines notariellen Vatergutsvertrags, Vormerkung des hiernach angefallenen Curatelvermögens und dessen Sicherung.

Lauf. Ziff.	Art.	Inhalt.
22	Note.	Erinnerung der Depositenkommission wegen veranlaßter Verfügung des Gerichtes über Depositen.
23	Cirkular.	Vorladung zur Pflegschaftsentlassung.
24	Protokoll.	Pflegschaftsentlassung einer unehelichen Person mit Vermögen.
25	Protokoll.	Pflegschaftsentlassung einer unehelichen Person mit Vermögen, welches während der Pflegschaft verbraucht wurde.
26	Dekret.	Pflegschafts-Entlassung eines vermögenslosen Pfleglings mittels Dekrets.
27	Dekret.	Entlassung aus der Spezialkuratel mittels Dekrets.
28	Schreiben.	Ersuchen an ein außerbayerisches Gericht und zwar a unmittelbar.
29	Schreiben.	Ersuchen an ein außerbayerisches Gericht und zwar b mittelbar auf diplomatischem Wege.
30	Tabelle.	Hand-Currentverzeichniß, welches im Laufe des Jahres vortheilhaft geführt werden kann.

Druck von E. Stahl in München.